新质生产力研究系列丛书

本专著的出版受到了以下科研项目的资助：
山西省高等学校哲学社会科学研究项目 （2023W096）
太原科技大学博士科研启动基金项目 （W20232017）
山西省优秀来晋博士科研启动基金项目 （W20242006）

数字经济赋能城市高质量发展的理论与实证研究

张少华　著

中国财经出版传媒集团
经济科学出版社
Economic Science Press
·北京·

图书在版编目（CIP）数据

数字经济赋能城市高质量发展的理论与实证研究／
张少华著 . -- 北京：经济科学出版社，2024.4
（新质生产力研究系列丛书）
ISBN 978 - 7 - 5218 - 5778 - 8

Ⅰ.①数…　Ⅱ.①张…　Ⅲ.①信息经济 - 作用 - 城市
经济 - 经济发展 - 研究 - 中国　Ⅳ.①F299.21

中国国家版本馆 CIP 数据核字（2024）第 068738 号

责任编辑：刘　莎
责任校对：蒋子明
责任印制：邱　天

数字经济赋能城市高质量发展的理论与实证研究

SHUZI JINGJI FUNENG CHENGSHI GAOZHILIANG FAZHAN DE
LILUN YU SHIZHENG YANJIU

张少华　著

经济科学出版社出版、发行　新华书店经销
社址：北京市海淀区阜成路甲 28 号　邮编：100142
总编部电话：010 - 88191217　发行部电话：010 - 88191522
网址：www. esp. com. cn
电子邮箱：esp@ esp. com. cn
天猫网店：经济科学出版社旗舰店
网址：http://jjkxcbs. tmall. com
固安华明印业有限公司印装
710 × 1000　16 开　14 印张　200000 字
2024 年 4 月第 1 版　2024 年 4 月第 1 次印刷
ISBN 978 - 7 - 5218 - 5778 - 8　定价：65.00 元
（图书出现印装问题，本社负责调换。电话：010 - 88191545）
（版权所有　侵权必究　打击盗版　举报热线：010 - 88191661
QQ：2242791300　营销中心电话：010 - 88191537
电子邮箱：dbts@ esp. com. cn）

前　　言

近年来，我国宏观经济发展呈现出如下特征：一是数字经济迅猛发展。随着云计算、大数据分析、人工智能以及区块链等数字技术的持续创新与突破，社会经济形态由消费互联网时代快速向产业互联网时代演进，这为我国的经济发展带来了机遇和挑战。二是经济高质量发展成为时代主旋律。改革开放至今，在近四十年高速增长的背景下，我国实现了全面建成小康社会的伟大成就，然而在经济总量不断跃升的同时，我国面临着一定的国内外挑战，单纯追求经济数量的发展模式难以为继，推动经济发展模式由数量型向质量型的转变成为大势所趋。三是我国地区发展面临的不平衡、不充分问题依然存在，缩小人均收入分配差距、提高中等收入群体占比，推动区域经济高质量协同发展成为我国未来一段时间的主要目标。

本书首先梳理了数字经济、城市经济高质量发展以及数字化影响经济增长的相关研究，构建了数字经济影响城市经济高质量发展的理论分析框架，并进一步探讨了数字经济影响城市经济高质量发展"后发优势"效应的理论逻辑。其次，以2009～2020年中国274座城市的平衡面板数据为研究样本，使用计量实证分析方法探究了数字经济对城市经济高质量发展的影响。从政府行为视角出发，采用面板门限模型考察了数字经济对城市经济高质量发展的非线性效应。使用空间计量模型考察了数字经济与城市经济高质量发展之间的空间溢出效应。并进一步从区位特征差异、城市等级差异以及阶段性特征差异检验了数字经济对城市经济高质量发展的异质性影响。此外，使用面板固定效应模型和中介效应模型论证分析了数字经济对城市经济高质量发展"后发优势"效应的直接影响和作用机制。最后提出推动我国数字经济健康发展和区域经济高质量协同发展的对策建议。本书主要得到了以下结论：

（1）2012 年党的十八大以来，我国城市数字经济发展水平呈现出明显的加速趋势，但是区域间的数字经济发展水平存在一定差异性，从整体上表现为鲜明的"数字鸿沟"现象。与此同时，城市之间的数字经济发展存在较高的互补性。

（2）数字经济对城市经济高质量发展的促进作用存在边际效应递增趋势，且这一研究结论对区位特征差异和城市等级差异下的异质性分析具有相同的结果。此外，我国城市数字经济发展的非均衡状态使得数字经济对城市经济高质量发展的促进作用仍存在较大的上升空间。

（3）对西部、东北地区以及普通城市而言，合理适度的科技创新投入有助于增强数字经济对城市经济高质量发展的促进作用，而过度的科技创新投入反而可能导致创新资源的冗余和浪费，降低数字经济与城市经济高质量发展的正向效应。且相较于直辖市、副省级城市、省会城市以及计划单列市等非普通城市，政府治理效率在影响数字经济与普通城市经济高质量发展正向效应中的功效呈现出先上升后下降的倒"U"型趋势。

（4）数字经济不仅能够促进本地城市经济高质量发展，还能够明显推动邻近城市的经济高质量发展，即数字经济能够促进"本地－邻地"经济高质量均衡化发展，并且长期效应显著大于短期效应，这一结论与东部、中部和西部地区分样本得到的研究结论相似。但是对东北地区而言，数字经济对城市经济高质量发展无论是"本地"还是"邻地"都不具备显著特征。阶段性特征差异检验显示，2012 年党的十八大召开以来，数字经济对城市经济高质量发展的空间溢出效应才得到明显增强。

（5）城市经济高质量增长速度与前期经济高质量发展水平呈现出明显的负相关，而数字经济对二者的负相关具有显著的正向调节效应，即数字经济对城市经济高质量发展"后发优势"效应具有促进作用。区位异质性检验发现，相较于沿海地区，数字经济对内陆地区落后城市经济高质量发展"后发优势"的促进作用更强。阶段性特征差异分析表明，2017 年之后数字经济对城市经济高质量发展"后发优势"的促进作用减弱。机制识别检验发现，市场一体化、创新能力提升与城市化水平是数字经济促进城市经济高质量发展"后发优势"效应的三个重要渠道。进一步研究发现，创新能力提升与城市化水平是数字经济促进内陆地区落后城市经济高质量发展"后发优势"效应的两条主要途径，而市场一体化与创新能力提升是数字经济促进沿海地区落后城市经济高质量发展"后发优势"效应的两条主要途径。

本书的创新之处主要包括以下四点：

（1）从数据要素的"技术"和"资本"双重属性出发，将数据要素视为一种新的独立生产要素纳入经济增长的理论分析框架中，拓展了数字经济与经济增长之间关系的理论分析。

（2）从数字基础设施、数字技术产出、数字创新能力和数字金融发展四个维度出发，构建了数字经济综合评价指标体系，该指标能够进一步丰富中国城市层面数字经济指标体系的构建。

（3）从政府行为视角出发，选取政府创新偏好和政府治理效率这两个指标作为门限变量，实证考察了政府行为在数字经济影响城市经济高质量发展中的区位差异性和城市等级差异性，拓宽了政府行为在数字经济与城市经济高质量发展关系中的异质性分析。

（4）从数字经济发展带来的规模效应、融合替代效应、资源配置效应和知识外溢效应四个维度出发，探讨了数字经济影响城市经济高质量发展"后发优势"的理论逻辑，并进一步采用中介效应模型论证分析了市场一体化、创新能力提升和加快城市化进程是数字经济促进城市经济高质量发展"后发优势"效应的三个重要途径，这是对已有研究的有效补充。

目 录
CONTENTS

第 1 章

绪　　论

1.1　研 究 背 景

1.1.1　数字经济成为国家战略的重要组成部分

数字经济这一概念最早由经济学家唐·塔斯考特（Don Tapscott，1996）[1] 在《数字经济：网络智能时代的机遇与挑战》一书中提出，研究初期涵盖了计算机、信息通信技术、电子商务及数字支付等新兴领域，而后随着大数据（big data）、云计算（cloud computing）、人工智能（artificial intelligence）以及区块链（blockchain）等数字技术的快速发展，数字经济的理论内涵得到了极大的延伸。2016 年 G20 杭州峰会上通过的《G20 数字经济发展与合作倡议》将数字经济定义为以数字化的知识和信息作为核心生产要素，以现代信息网络为重要载体，利用信息通信技术推动经济结构优化与提升效率的一系列经济行为。随着移动互联网、5G 技术、大数据分析以及人工智能等新一代信息技术大规模商业化应用的加快，数据的收集、存储、分析能力得到显著提升，推动着新一轮科技革命与产业变革向更高层次演进，世界各国的数字化水平不断提升，数字经济在国民经济发展中的地位不断上升，日益成为引领全球经济发展的重要引擎。根据许宪春和张美慧(2020)[2]的研究，2008~2017年期间，中国数字经济规模增加值的年均增长率大约为14.43%，这一数值明显高于同期国内生产总值的增长率。数字经济的快速发展及产生的巨大动力致使各国政府纷纷意识到数字经济对促进地区经济增长的重要作用和意义，试图通过数字经济带动和促进本国经济发展，进一步抢占全球经济锦标赛的主导权，获得未来发展的先机与优势。2009年，英国政府就提出"数字大不列颠"行动计划，并于2010年4月颁布实施《数字经济2010年大法》，以英国主导世界数字经济时代为目标，将信息化作为应对金融危机的主要抓手。① 澳大利亚政府于2011年启动了国家数字经济战略计划（National Digital Economy Strategy，NDEB），以期促使澳大利亚在全球数字经济发展中处于领先地位。② 日本政府则于2009年制定了《i-Japan战略2015》，通过大力发展数字基础设施，旨在建立一个安全且具有活力的数字化社会。③ 美国、德国、欧盟、印度、韩国等世界主要经济体也都纷纷出台一系列推动数字经济发展的战略措施（见图1-1）。

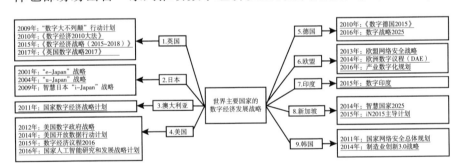

图1-1 世界主要国家（地区）数字经济战略图谱

资料来源：作者根据公开资料整理。

党的十八大以来，以习近平同志为核心的党中央以宏大的战略思

---

① https：//www.legislation.gov.uk/ukpga/2010/24/contents.

② https：//www.nbn.gov.au/digitaleconomystrategy.

③ http：//japan.kantei.go.jp/policy/it/i-JapanStrategy2015_full.pdf.

维为我国的数字经济发展谋篇布局，在十八届中央政治局第三十六次集体学习会议、党的十九大报告、全国网络安全和信息工作会议、十九届五中全会、深圳经济特区建立40周年庆祝大会、世界互联网大会乌镇峰会以及中央经济工作会议等多个重要场合与会议上指出，要"加快发展数字经济，推动实体经济和数字经济融合发展，推动互联网、大数据、人工智能同实体经济深度融合，继续做好信息化和工业化深度融合这篇大文章"。党的二十大进一步强调，要"加快发展数字经济，促进数字经济和实体经济深度融合，打造具有国际竞争力的数字产业集群"。无论是实务界还是理论界都开展了关于数字经济的广泛研究，我国各省市也都积极发展数字经济，培育新的经济增长点。例如，上海大力发展在线经济，根据《上海经济发展报告（2021）：社会发展质量》，上海在线经济总量已步入全国第一梯队，尤其是在线经济服务应用类行业优势显著。江苏省出台了《关于全面提升江苏数字经济发展水平的指导意见》以及《江苏省制造业智能化改造和数字化转型三年行动计划》，明确要全面推动全省的制造业智能化改造和数字化转型，为江苏的经济高质量发展插上数字化翅膀。福建省印发了《福建省做大做强做优数字经济行动计划（2022—2025年）》，将重点实施数字信息基础设施"强基"，数字技术创新突破，数字经济核心产业规模能级提升等八大行动27项工程。山东省出台了《山东省"十四五"数字强省建设规划》，明确以济南和青岛两个国家级互联网骨干直联点为"龙头"，全面加快数字基础设施建设、数字应用融合、数字产业发展以及数字技术创新的全面突破，助力山东省实现新旧动能转换，为经济高质量发展注入澎湃活力。上述国内外经验事实说明，数字经济已然成为国家战略的重要组成部分，是实现经济增长的新引擎。

1.1.2　城市经济高质量发展是新阶段中国经济发展的紧迫任务

改革开放40多年来，我国经济发展取得了举世瞩目的成绩。

1978 年国内生产总值为 3678.7 亿元，2020 年国内生产总值迈上 100 万亿元大关，是 1978 年的 276.18 倍，人均 GDP 迈上 1 万美元的新门槛，城镇化率超过 60%①，取得了全面建成小康社会的伟大成就。然而，在经济总量不断跃升的背后，我国经济发展仍面临着一定的挑战：从国内来看，生态环境恶劣、资源浪费、创新能力无法满足现实经济需求，产业链全球竞争力不强，半导体等高精尖技术被西方发达国家制约，生产要素的流动与配置效率不高，国内需求未能得到充分释放等问题可能影响我国经济的可持续发展；从国外来看，英国脱欧、俄乌冲突、中东问题以及中美贸易摩擦使得国际经济不确定性显著加剧。其中尤以美国对我国的技术封锁、经济围堵最为激烈。2021 年 6 月 8 日，美国通过了《2021 美国创新和竞争法案》，该法案提出将持续加大对人工智能、机器学习和其他软件开发、量子计算和信息系统、先进通信技术等十个高科技领域的研发投入力度。与此同时，该法案将进一步限制对中国核心产业的技术出口，以期阻碍和延缓我国的科技进步与现代化进程。

　　为此，在复杂多变的国内外环境中，仅依靠传统生产要素驱动经济增长的发展模式已然不能为继（蔡昉，2013）[3]，推动经济高质量发展将成为提高我国经济增长动力的关键所在（李平等，2017）。[4] 2015 年，中央经济工作会议强调经济增长方式要实现由只看经济增长速度转向主要看经济增长质量和效益。2018 年，中央经济工作会议进一步强调实施经济高质量发展将成为我国未来经济工作的重要抓手。党的十九大报告指出："我国经济已由高速增长阶段转向高质量发展阶段，正处在转变发展方式、优化经济结构、转换增长动力的攻关期。"党的二十大进一步强调："高质量发展是全面建设社会主义现代化国家的首要任务。"这是对我国当前经济发展阶段的重要论断，标志着我国已由高速增长阶段迈向了高质量增长阶段，为我国"十四五"时期的经济发展提供了鲜明的方向，明确了具体的目标任

---

　　① 资料来源：中国统计年鉴（1978～2021）。

务，具有重要的历史和现实意义。实践是检验真理的唯一标准。2020年新冠疫情冲击以来，以习近平同志为核心的党中央对我国经济发展的科学决策和积极防疫举措，引领我国经济发展稳步向前。2020年，我国是为数不多实现经济正增长的主要国家。这一成绩是在习近平总书记领导下取得的，充分展现了我国经济的强大韧性，更加坚定了推动经济高质量发展的前进方向。

城市是经济活动和要素集聚最密集的地理单元，是实现我国经济高质量发展的重要基础。城市高质量发展成果不仅关系到区域经济发展效率，更关系到人民群众衣食住行的方方面面。2015年，中央城市工作会议强调，当前我国城市已进入了全面发展期，城市在未来进程中将承担着现代化建设的重要作用，城市经济能否实现高质量发展事关我国经济发展质量的水平和前进方向。如果一个城市具有较高的经济发展质量水平，意味着该城市的基础设施更加完善、技术创新能力更强、生态环境更加可持续、资源配置更加合理，这将为推动我国经济高质量发展奠定坚实的基础。但不可否认的是，我国城市经济高质量发展仍面临众多的挑战，例如城市之间要素资源配置效率相对较低、产业发展仍处于全球产业链的中低端、创新水平无法满足现实需要、城市之间的经济协调性较低等。如何破除这些发展壁垒以推动城市经济高质量发展？对这一问题的探讨将具有重要的理论与实践价值。

1.1.3　在经济高质量发展进程中推进共同富裕

"十四五"时期是我国由全面建成小康社会向开启全面建设社会主义现代化国家的重要节点。近四十年的高速增长为我国推进经济高质量发展奠定了基础，然而，我国地区之间经济发展不平衡和不充分的问题依然存在，人均收入差距和区域经济发展差距较大成为我国亟须解决的现实问题（李实和朱梦冰，2018；杨修娜等，2018；刘培林等，2021）。[5-7]尤其是在当前住房财富效应逐渐消失，人工智能取代了传统的中低端劳动力，进一步拉大了收入差距，加剧了阶层固化（周文和施炫伶，2022）。[8] 以 2020 年为例，诸如无锡、北京、南京、深圳、上海、苏州等经济发达城市的人均 GDP 已超过 15 万元，而四平、天水、绥化、定西等经济欠发达城市的人均 GDP 仅约为 2 万元。经济发展差距的长期存在和持续扩大不仅会阻碍经济循环畅通，降低全社会的资源配置效率，还会对社会的稳定团结带来一定的负面影响（王宝顺和徐绮爽，2020）。[9] 推动区域协调发展，解决区域经济发展不平衡和不充分的问题不仅是实现共同富裕的基础，也是推进共同富裕的重要途径之一（刘培林等，2021）。[7] 共同富裕不仅是中国特色社会主义的本质特征，也是践行共产党人执政为民的应有之义。历届党和国家领导人都高度重视共同富裕，尤其是党的十八大以来，以习近平同志为核心的党中央将共同富裕摆在了更加突出的位置。党的十九大报告明确指出"人民日益增长的美好生活需要和不平衡不充分的发展之间的矛盾"是我国当前经济社会的主要矛盾，习近平总书记（2021）[10] 进一步强调："现在，我们正向第二个百年奋斗目标迈进。为适应我国社会主要矛盾的变化，更好满足人民日益增长的美好生活需要，必须把促进全体人民共同富裕作为为人民谋幸福的着力点。"2021 年，党的十九届六中全会同样强调逐步实现共同富裕是中国特色社会主义的重要特征之一。共同富裕不仅包含了物质文明，还包含了精神文明，共同富裕不仅是个人的经济问题，而且是影响党执政基础的政治问题。在全面建设社会主义现代化国家的新征程中，围绕共同富裕开展工作有助于促进更加均衡、更加充分的发展，也能够更好地提高民生保障，满足人民群众对美好生活的需求，从而更好地解决当前我国社会发展主要面临的矛盾。

"理者，物质固然，事之所以然也"。在新发展阶段，以习近平同志为核心的党中央从我国客观发展规律以及国外发展现状出发，提出了加快发展数字经济、推动经济高质量发展、逐步实现共同富裕的新目标和新任务，这就要求我们必须树立新理念，迎接新挑战。坚持经济高质量发展不仅是保持我国经济增长动力的必然要求，也是遵循时代发展的客观规律。只有坚持经济高质量发展，才能够实现人民群众对美好生活的追求。在此意义上，值得探究的问题是：数字经济如何影响城市经济高质量发展？数字经济对城市经济高质量发展"后发优势"具有怎样的作用？能否借助数字经济发展的"东风"实现区域经济高质量协同发展？这是我国在当前及今后一个时期内的重要战略思考，也是为实现"第二个百年奋斗目标"的重要学术论题。

1.2 研究意义

经济增长从提出至今都是宏观经济领域研究的核心问题，发挥"后发优势"则为推动经济协同发展提供了一种潜在的可能，深刻理解数字经济对城市经济高质量发展及"后发优势"效应的影响能够更好地理解地区经济高质量发展的变动趋势，因而对这一问题的探究具有重要的理论与实践意义。

1.2.1 理论意义

本书的理论意义主要包含以下两个方面：

第一，随着世界经济形态由工业经济蝶变到数字经济，数据要素成为一种重要的生产要素，然而现有文献将数据要素纳入生产函数中的研究相对较少。本书首先明确了数据要素具有"技术"与"资本"的双重属性，其次辨析了数据要素作为"资本要素"与传统生产要素的同质性和差异性，最后将数据要素假设为一种独立于传统物质资本要素之外的新生产要素纳入柯布—道格拉斯生产函数中，理论分析数字经济对经济增长的影响，这是对经济增长理论的拓宽和丰富，具有一定的学术理论价值。

第二，当前关于数字经济对经济增长的研究相对较多，但是全面系统分析数字经济对经济高质量发展及"后发优势"效应的理论探索并不多，且聚焦到城市层面差异性的实证研究更少。因此，有必要结合数字经济对经济社会变革的作用机理，构建数字经济影响经济高质量发展的理论分析框架。此外，本书进一步探索了数字经济影响城市经济高质量发展"后发优势"效应的理论逻辑，这将为更好地理解数字经济背景下中国城市经济高质量协同发展形成机制的分析提供一定的理论借鉴。

1.2.2 实践意义

从现实意义看，经济高质量发展是一个关乎人民群众美好生活的现实问题。随着中美贸易摩擦以及俄乌冲突等世界经济环境的复杂多变，如何推动我国区域经济高质量协同发展成为政策制定者关注的重点问题之一。一方面，我国正处于经济转型的关键期，仅依靠要素投入的经济增长方式难以使我国顺利迈过"中等收入陷阱"。如何更好地利用数字经济实现区域经济高质量协同发展，对这一问题的理论分析与实证检验有助于为我国的未来发展战略走向提供科学的指引。另一方面，西部大开发、振兴东北老工业基地以及推动长三角一体化发展等政策措施的实施，都表明了党中央和国务院关于推动区域经济协同发展的决心和努力。通过对我国地级市以上城市以及不同经济板块城市经济高质量发展"后发优势"的路径探析，有利于更好地理解我国各地区的经济发展差距，从而为宏观经济调控提供一定的经验证据和现实依据。

1.3 研究框架与研究内容

1.3.1 研究框架

本书将以"发现问题—剖析问题—解决问题"的研究思路对数

字经济影响城市经济高质量发展及"后发优势"效应的作用进行系统的理论分析与实证探索。

第一，根据数字经济快速变革以及新发展阶段对城市经济高质量发展的现实需求提出了本书的研究问题与研究意义。

第二，围绕数字经济发展的理论内涵以及对经济增长理论的系统回顾，将数据要素视为一种新的独立生产要素纳入生产函数中，构建数字经济影响城市经济高质量发展的理论分析框架，并进一步论证数字经济对城市经济高质量发展"后发优势"效应的理论逻辑，为后续的实证研究奠定理论基础。

第三，从数字经济的核心特征与城市经济高质量发展的内在要求出发，构建城市层面多维数字经济和经济高质量发展综合评价指标体系，并进一步对数字经济和经济高质量发展的时空分布特征以及内部竞争力结构进行特征事实分析。

第四，从政府行为视角出发，选取数字经济发展水平、政府创新偏好以及政府治理效率作为门限变量，采用面板门限模型考察数字经济对城市经济高质量发展的非线性效应；使用静态和动态空间计量模型检验数字经济对城市经济高质量发展的空间溢出效应；此外，进一步从区位特征差异、城市等级差异以及阶段性特征差异等视角分析了二者关系的异质性。

第五，从效果与机制两个视角出发，使用面板固定效应模型和中介效应模型论证分析了数字经济对城市经济高质量发展"后发优势"的影响效应，并进一步检验了市场一体化、创新能力提升以及城市化水平在数字经济影响城市经济高质量发展"后发优势"效应中的作用机制。通过以上理论分析与实证检验，以期丰富和完善数字经济与城市经济高质量发展之间关系的系统研究，为实施数字经济战略、推动区域经济高质量协同发展提供理论支撑、经验证据和有针对性的政策建议。

1.3.2　研究内容

本书的研究内容具体可以分为以下5个部分：

第一部分是第1章，即绪论。该部分围绕数字经济的快速演进、城市经济高质量发展的现实需求以及实现共同富裕是社会主义现代化建设的核心等方面介绍了本研究的研究背景。在此基础上，明确了本书的研究意义、研究框架和技术路线，并介绍了本研究的创新点。

第二部分是第2章，即理论回顾与文献综述。该部分围绕数字经济、城市经济高质量发展以及数字化转型影响经济增长等方面归纳总结了国内外的相关文献和理论研究。具体而言，其一，归纳数字经济的相关研究，总结了数字经济的发展脉络、理论内涵、技术经济特征以及研究趋势。其二，以古典主义经济增长理论、新古典主义经济增长理论以及新经济增长理论为研究脉络，总结了经济增长的逻辑内涵由数量向质量转变的过程，并介绍了经济高质量发展的理论内涵、评价体系构建以及影响经济高质量发展的因素探索。其三，归纳总结了当前已有文献关于数字经济对经济增长的相关研究，从而为本研究的顺利开展提供创新启发。

第三部分是第3章，即数字经济影响城市经济高质量发展的理论分析。该部分的内容主要从以下几个方面开展：一是数字经济下经济系统稳态分析的数理模型构建。传统的柯布—道格拉斯生产函数中以劳动与资本为主要的生产要素，而在数字经济时代，知识和信息等数据要素作为一种新的生产要素有必要纳入生产函数中。本研究一是通过对传统生产函数的数理模型扩展，从总体上把握数字经济时代的经济增长路径，为本书的后续研究奠定理论基础；二是在城市经济高质量发展理论内涵的基础上，系统分析了数字经济对城市创新能力、经济协调发展能力、绿色高效、对外开放以及福利共享的影响；三是基于区域经济高质量协同发展理念，从数字经济发展释放的规模效应、融合替代效应、资源配置效应以及知识外溢效应四个方面出发，探讨了数字经济影响城市经济高质量发展"后发优势"的理论逻辑。

第四部分是实证分析，包含第 4 章（指标构建与特征事实描述）、第 5 章（数字经济对城市经济高质量发展的门限效应分析）、第 6 章（数字经济对城市经济高质量发展的空间溢出效应检验）以及第 7 章（数字经济影响城市经济高质量发展"后发优势"的路径探析）。第 4 章首先构建了城市层面的多维数字经济和经济高质量发展综合评价指标体系，使用主成分分析法进行降维计算得到数字经济发展指数和城市经济高质量发展指数，明确了我国城市层面数字经济发展和经济高质量发展的时间演化趋势及差异性，同时利用可视化工具考察了城市层面数字经济发展和经济高质量发展的空间分布格局，并进一步对二者的内部竞争力结构进行分析。第 5 章实证探究了数字经济对城市经济高质量发展的非线性影响。从政府行为视角出发，以数字经济发展水平、政府创新偏好以及政府治理效率三个指标作为门限变量，使用面板门限模型考察了数字经济对城市经济高质量发展的非线性效应及在区位特征差异和城市等级差异下的异质性。第 6 章使用静态和动态空间计量模型考察了数字经济对城市经济高质量发展的空间溢出效应，并进一步通过更换空间计量模型、更换空间权重矩阵形式、探讨区位特征差异和阶段性特征差异等视角对研究结论的内部有效性和外部有效性进行了稳健性检验。第 7 章实证检验了数字经济对城市经济高质量发展"后发优势"效应的直接影响和作用机制。具体而言，使用面板固定效应模型考察了数字经济对城市经济高质量发展"后发优势"的直接影响，并进一步利用中介效应模型考察了市场一体化、创新能力提升以及城市化水平在数字经济影响城市经济高质量发展"后发优势"效应中的作用机制。此外，从变换参数估计模型、改变滚动窗口期、考察区位特征差异和阶段性特征差异等方面对研究结论进行了稳健性检验。

第五部分是对策研究，即第 8 章（研究结论、政策建议及展望）。第 8 章首先归纳了本书的研究结论，其次从推动数字经济健康发展和促进区域经济高质量协同发展两个视角提出了相应的政策建议，最后是研究展望（见图 1 – 2）。

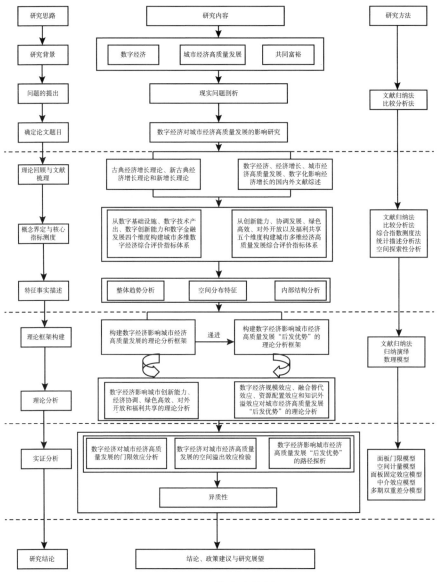

图 1 – 2　技术路线图

1.4 研究方法与创新点

1.4.1 研究方法

本书在数字经济对城市经济高质量发展的影响研究中，遵循从抽象到具体的逻辑思路，主要使用了如下研究方法：

（1）文献归纳法。通过对国内外文献资料进行广泛的收集、筛选、整理和归纳，确定本研究的切入点，构建本书的研究框架。首先，通过文献梳理对经济增长理论进行了系统的回顾，奠定了本研究的理论基础。其次，对数字经济和城市经济高质量发展的研究脉络、理论内涵、技术经济特征、影响因素以及测度方法进行了总结，对数字经济和城市经济高质量发展这两个核心概念作出明确界定。再次，从数字化影响经济增长的视角出发，归纳总结已有文献的研究思路、研究框架和计量分析方法，提出本书的创新之处。

（2）理论分析与实证分析相结合。首先，本书构建了数字经济影响城市经济高质量发展的一般分析框架，对数字经济与城市经济高质量发展之间的关系进行了理论分析。其次，从数字经济发展释放的经济效应出发，对数字经济影响城市经济高质量发展"后发优势"的作用进行了理论分析。在此基础上使用 2009~2020 年中国 274 座城市的面板数据，对数字经济与城市经济高质量发展之间的关系以及数字经济影响城市经济高质量发展"后发优势"的直接效应和作用机制进行了系统的实证检验。具体而言，本书主要采用了以下几个模型：

第一，面板门限模型。从政府行为视角出发，选取政府创新偏好和政府治理效率作为门限变量，采用面板门限模型考察了数字经济与城市经济高质量发展的非对称性影响。

第二，空间计量模型。从数字经济的空间效应和时间效应出发，采用静态和动态空间计量模型考察了数字经济对城市经济高质量发展的空间溢出效应。

第三，面板固定效应模型。采用面板固定效应模型论证分析了数字经济对城市经济高质量发展"后发优势"的影响效应。

第四，多期双重差分模型。将"宽带中国"战略试点的实施作为一项外生政策冲击，采用多期双重差分模型评估了数字经济影响城市经济高质量发展"后发优势"的作用机制。

（3）比较分析法。首先，在数字经济对城市经济高质量发展的门限效应分析中，不仅从东部、中部、西部以及东北四大经济板块进行对比分析，还考虑了城市等级带来的内在差异。其次，在数字经济对城市经济高质量发展的空间溢出效应检验中，对比分析了四大经济板块以及经济特征差异分样本下的回归结果。再次，在数字经济影响城市经济高质量发展"后发优势"的作用机制检验中，将全样本划分为内陆地区和沿海地区，考虑了不同区位特征下作用机制的异质性。这些异质性检验属于比较分析法的具体应用。

1.4.2　创新点

本书的创新之处主要体现在以下四个方面：

第一，从数据要素的"技术"和"资本"双重属性出发，将数据要素视为一种新的独立生产要素纳入经济增长的理论分析框架中，拓展了数字经济与经济增长之间关系的理论分析。

第二，从数字基础设施、数字技术产出、数字创新能力和数字金融发展四个维度出发，构建了城市层面数字经济综合评价指标体系，该指标能够进一步丰富城市层面数字经济指标体系的构建。

第三，从政府行为视角出发，选取政府创新偏好和政府治理效率这两个指标作为门限变量，实证检验了政府行为在数字经济影响城市经济高质量发展过程中的区位差异性和城市等级差异性，拓宽了政府行为在数字经济与城市经济高质量发展关系中的异质性分析。

第四，从数字经济发展带来的规模效应、融合替代效应、资源配置效应和知识外溢效应四个视角出发，探讨了数字经济对城市经济高质量发展"后发优势"的理论逻辑，并进一步采用中介效应模型论证分析了市场一体化、创新能力提升和加快城市化进程是数字经济影响城市经济高质量发展"后发优势"效应的三个重要途径，这是对已有研究的有效补充。

第 2 章

理论回顾与文献综述

在探究数字经济对城市经济高质量发展的影响之前，需要对数字经济、经济高质量发展以及数字经济影响经济增长的理论内涵、研究方法、研究现状进行深入的了解，为后续作理论分析与实证检验提供扎实的支撑。基于此，本章通过广泛阅读国内外文献，对数字经济背景下经济高质量发展的相关研究作系统的归纳与总结。

2.1 经济增长的理论回顾

经济增长理论是经济学最重要的理论基础，其发展历程大致可以划分为三个阶段：古典经济增长理论、新古典经济增长理论以及新增长理论。此外，在经济增长理论的发展进程中，还包含了诸如演化经济增长理论和制度经济增长理论等思想。这些理论模型无一例外地在探究经济增长的动力、经济增长的内生机制与外部影响以及如何提高经济增长可持续性等问题。然而，不同的经济增长理论对经济可持续发展的动力有着不同的认知。基于此，本节主要对经济增长的基础理论进行系统的回顾，为后续探讨纳入数据要素的经济增长理论扩展奠定基础。

2.1.1　古典经济增长理论

古典经济学这一术语最早是由马克思提出来的，他认为古典经济学是资产阶级经济学发展过程中的一个阶段，其历史使命在于倡导和发展社会生产力，并有别于尔后的庸俗经济学。然而，以凯恩斯为代表的西方经济学家在进行经济增长理论探索时，沿袭了古典经济学这一术语，但是变更了其内容，主要包含了以亚当·斯密、大卫·李嘉图、托马斯·马尔萨斯为代表的经济学家在重商主义和重农主义批判观点的基础上对经济增长的分析。亚当·斯密（1776）[11] 在《国民财富的性质及原因的研究》一书中系统探讨了国民财富增加（也可以说经济增长）的原因及性质。其核心理念主要包括以下几个方面：首先，亚当·斯密强调分工对经济增长具有积极作用。其一，分工能够避免劳动者由一种工作转换到另一工作因学习新技能而带来的时间与产出损失；其二，劳动者的技能会随着分工程度的加深而日渐娴熟；其三，分工程度的加深提高了生产过程中引入机器设备的可能性。因此，分工能够带来劳动的边际产出增加，进而有助于促进经济增长。其次，亚当·斯密将劳动区分为生产性劳动和非生产性劳动，其中前者生产价值，而后者不生产价值。具体而言，他将农民、工人等从事农业和工业的劳动称为生产性劳动，而将教师、艺术家、医生等从事服务的劳动称为非生产性劳动。他认为，增加生产性劳动数量能够促进经济增长，而非生产性劳动不仅消耗了财富，还阻碍了资本积累。当然，从现代视角来看，这一观点无疑存在偏颇。再次，亚当·斯密指出，资本积累是促进经济增长更为重要的核心因素，如果说分工促进了经济增长，那资本积累则赋予了经济可持续增长的动力。他认为资本积累能够促进资本存量的扩大，而资本存量的扩大不仅能够提高相关的生产性劳动数量，还能够促进专业化与分工的加深，进而使经济增长过程具有可持续性。大卫·李嘉图在《政治经济学及赋税原理》一文中着重从收入分配视角对经济增长进行了分析，并将"报酬递减规律"引入了经济增长的理论分析框架中。他认为土地、劳动和资本等生产资料由于边际收益递减使得资本积累停滞，长期经济增长也会趋于停滞，因而大卫·李嘉图对经济增长持一种悲观态度。大卫·李嘉图同样注重亚当·斯密经济增长分析中生产性劳动数量和资本积累对经济增长的积极作用。一方面，他指出，需要将社会纯收入中更多的比例用于再投资以增加社会资本存量，进而提高生产性劳动数量；另一方面，他认为，提高土地产出率、进行农业改良以及更多地使用机器有助于在不增加劳动数量的前提下，提高有限劳动的生产效率。托马斯·马尔萨斯的经济增长理论则是从人口增长视角展开的，他认为人口增长与产出增长是不同步的。土地产出是人类生存的根源，但是土地产出存在边际收益递减规律，当土地被全部使用完之后，对土地的每一次改良都会使土地上的产出增幅越来越小，人口增长有着超过生活资料增长的经常性趋势。所以，以人均产出表示的经济增长会受到人口增长的制约。

综合而言，古典经济学家认为，土地、资本、劳动以及技术是制约经济增长的重要因素，但是由于他们主要关注以农业生产为代表的经济增长分析，使得土地产出的边际收益递减规律在一定程度上被过度强化，进而忽视了技术进步的连续性，此外，由于相关经济数据和研究工具的匮乏使之无法对经济理论作严密的逻辑推导和实证分析。古典经济增长理论搭建了经济增长研究的基本框架，为随后经济增长理论的深入探索提供了思想源泉。

2.1.2　新古典经济增长理论

经济学家哈罗德（1946）和多马（1946）[12]利用资本增长与产出增长的关系构建了"哈罗德－多马"模型。该模型认为一国的储蓄率除该国的资本产出比率就是这个国家的经济增长率。然而由于哈罗德在经济增长模型中假定资本报酬率是恒定不变的，因此储蓄率成为影响经济增长的唯一变量。这一时期也被称为"资本积累论"阶段，即强调资本积累对经济增长的影响具有重要作用。由于哈罗德－多马模型间接假定了生产是在资本和劳动不变比例情况下发生的，因此很难实现均衡经济增长条件，而这一观点受到了美国经济学家罗伯特·索洛的质疑。在 20 世纪 50 年代中期至 80 年代中期，以索洛、斯旺和卡斯等为代表的经济学家对经济增长理论重新进行了深入的研究，提出了新古典经济增长理论。新古典经济增长理论主要包含两个基本模型，一个是索罗－斯旺模型，另一个是拉姆齐－卡斯－库普曼斯模型。其中，索罗－斯旺模型是索罗（Solow，1956）[13] 和斯旺（Swan，1956）[14] 在"哈罗德－多马"模型基础上提出的一个一般均衡理论模型，该模型奠定了新古典主义（Neo－Classical Growth Theory）的经济增长理论基础。索罗－斯旺模型研究表明当经济系统达到稳态水平时，人均产出和人均资本的增长率呈现出同方向、同比例的变化趋势。无论起点处于什么位置，经济总会收敛于平衡增长路径。当经济体的资本和总产出增长率等于劳动增长率和知识增长率之和，人均产出增长率等于知识增长率，且人均资本存量增长率也等于知识增长率时，该经济体处于均衡状态。拉姆齐－卡斯－库普曼斯模型则是卡斯（Cass，1965）[15] 和库普曼斯（Koopmans，1965）[16] 进一步借鉴拉姆齐（Ramsey，1928）[17] 的研究，在经济增长稳态分析中引入了消费者的跨期最优选择，对索罗－斯旺模型进行了修正。拉姆齐－卡斯－库普曼斯模型研究表明在一定时期内当人均产出平均增长率与人均稳态产出和人均初始产出比率之间表现为正相关时，则意味着存在经济收敛。此外，熊彼特（1942）[18] 在《经济发展理论》中首次提出了创新的概念和理论。他否定了古典经济增长理论关于技术进步对经济增长的结论，他认为创新就是在社会生产体系中引入生产要素与生产条件新组合的过程，以此推动社会进步与经济增长，即经济增长的核心就是技术进步。库兹涅茨（Kuznets，1955）[19] 同样认为，要素投入增加不是经济增长的主要缘由，知识和技术进步带来的生产效率提高才是促进经济持续增长的根本动力。

新古典经济增长理论对经济趋同的探讨是具有开创意义的，为实现落后地区向发达地区的经济趋同提供了一种理论解释。然而，新古典增长理论的一个重要缺陷就是忽视了对技术进步这一内生变量的科学解释。索洛等经济学家在后续的研究中也鲜明地提出了这一问题，这也为新增长理论的提出与发展指明了方向。

2.1.3　新增长理论

以罗默（1986）[20]和卢卡斯（1988）[21]为代表的经济学家认为，在经济增长过程中，技术进步并不是一个独立的外生变量，因而将技术进步这一变量内生化引入经济增长模型中，提出了新增长理论。新增长理论在新古典经济增长理论分析的基础上，对经济增长的内生动力与作用机制进行了系统的分析，试图在更广的范围解释经济增长现象。具体而言，新增长理论认为知识积累、人力资本的外部性以及知识溢出产生的边际收益递增是导致总产出规模收益递增的根本动力。相较于索洛－斯旺模型，新增长理论主要在以下两个方面作出了改进：第一是假设经济社会中具有生产知识和技术的专业性部门，对这一部门的投入有助于促进知识产出的增加，进而提高经济社会的物质总产出。这一假设的本质在于将技术进步内生化。这一部分的内容主要由经济学家罗默完成，罗默认为知识是一个同资本和劳动力一样的独立生产资料，强调了知识具有的正外部性。如果一个国家或地区对生产知识部门的投入不足，就会导致该国家或地区难以实现技术进步，从而致使这个国家或地区的经济发展长期处于低水平状态。第二是将人力资本纳入资本这一概念中。假设外生知识增长率恒定不变的情况下，由人力资本差异带来了国家（或地区）之间的经济差异，同样有助于解释经济长期增长规律。这部分的工作主要由卢卡斯完成。卢卡斯通过分析人力资本的演进过程提出了人力资本同样具有正外部性的结论，因此将人力资本纳入经济增长模型中。该模型强调劳动者所具备的能力以及在获取知识与技术上所花费的时间是影响人力资本差异的关键因素，不同国家或地区的经济发展之所以存在显著的差异主要是由于所积累的人力资本差异导致的。新增长理论和新古典经济增长理论的最大区别之一在于对技术进步的原因解释，新古典经济增长理论将技术进步外生化，而新增长理论则认为技术进步是内生的。此外，新古典经济增长理论一个重要的结论就是在要素边际收益递减的基础上，相较于发达地区，欠发达地区的经济增长速度更快，进而有可能实现向发达地区的经济趋同。然而，新增长理论则认为技术进步的内生化能够抵消资本等生产要素的边际收益递减，使得要素的边际收益出现递增，因此发达地区的经济增长速度将更快，发达地区和落后地区的经济发展差距将逐渐扩大，因此新增长理论认为经济体之间不存在经济趋同。具体而言，本节将进一步阐释新经济增长理论中 AK 模型、引入广义资本的新增长模型以及引入 R&D 活动的新增长模型关于经济趋同的理论内涵。

第一，AK 模型。AK 模型是将经济生产中实物资本和人力资本等所有生产要素当成一种资本要素来对待。不同于新古典经济增长模型中要素的边际收益递减，在 AK 生产模型中，资本的边际收益是不变的，因此资本积累是导致经济长期增长的根本因素，且资本的增长率恒定不变，即在 AK 经济增长模型中，经济增长速度是外生的。在 AK 模型中，经济体中的人均变量会以相同的速度增长，因此当人均资本存量以恒定的速度增长时，其不会收敛于某一稳态值，经济增长不具有收敛特征。

第二，引入广义资本的新增长理论模型。在新古典经济增长理论的基础上，罗默和卢卡斯分别引入了知识和人力资本等新的资本形式。新古典经济增长理论假设技术进步内生化，而新增长理论首要解决的一个问题就是如何将技术进步内生化。其中，阿罗（1962）[22] 在

《干中学的经济启示》中提出的"干中学"理论打开了研究的新思路。阿罗认为，劳动者的工作经验对生产效率具有显著的促进作用。在 AK 模型中，劳动者的知识水平和工作经验都可以作为改进重复生产效率的一个生产要素，使得物质资本的边际报酬非递减。由 AK 模型可知，当知识水平不变的情况下，增加劳动力和资本的投入会带来产出的倍增，但是资本投入在没有扩大的同时，如果知识水平上升，那么经济体的产出就会呈现出规模报酬递增。罗默（1986）[20] 在阿罗"干中学"理论的基础上，构建了知识外溢模型，该模型研究表明，经济产出的增长率是知识资本存量的递增函数，即随着企业知识存量的上升，其经济总产出的增长率也会上升。现实经济系统中，发达地区的知识存量和知识存量的增加量要明显高于落后地区，因此发达地区的经济产出增长率也会高于落后地区，最终使得落后地区难以实现向发达地区的经济追赶。与此同时，卢卡斯（1988）[21] 提出了人力资本的概念。他认为，劳动者人力资本的增加不仅能够提高劳动者自身的产出能力，其所呈现的正外部性可以提高整个经济系统的产出能力，构建了引入人力资本的生产模型。该模型认为，人力资本水平的提高有助于促进劳动生产效率的提高，而人力资本的正外部性又使得经济产出具有规模报酬递增的特性。在经济效益最大化的驱使下，更多的物质资本将从落后地区流向发达地区，使得发达地区劳动者的福利水平和劳动生产效率得到提升，进一步有助于吸引人力资本，尤其是高素质人力资本从落后地区向发达地区的转移，最终导致"强者更强，弱者更弱"的发展现状。卢卡斯认为，落后地区的初始人力资本水平较低，其经济产出在长期也将处于较低的状态。因此，落后地区的经济增长速度要低于发达地区。从长期来看，落后地区与发达地区的经济差距将逐渐扩大，经济不会趋于收敛，反而趋于发散。

第三，引入 R&D 活动的新增长理论。阿罗的"干中学"理论认为，技术进步来源于劳动力工作经验的积累。但罗默认为，在利益最大化的驱动下，企业会进行有目的的研发创新活动，以期提高自身的专有技术和生产效率。在这一思想的基础上，罗默构建了 R&D 模型。R&D 模型认为，经济系统存在两个生产部门，一个是专门从事物质生产的部门，另一个是专门从事研发生产的部门。其中，物质生产部门主要用于生产最终产品，研发生产部门主要生产知识和技术，生产出来的新知识和新技术可以被物质生产部门使用，促使其生产效率的提高。在该模型中，由于物质生产函数的规模报酬不变，因此经济系统的产出主要是由知识生产函数决定。该模型可以通过判别资本和知识的规模报酬（$\beta + \theta$）与 1 的比值大小来分析经济收敛情况。当资本和知识的规模报酬小于 1 时，资本增长率和知识增长率将收敛于唯一的稳态增长率，而人均产出增长率和人均资本增长率与人口增长率存在正相关。根据现实经济发展轨迹可知，落后地区的人口增长率通常要高于发达地区的人口增长率。基于此，落后地区的经济增长速度将快于发达地区，最终有可能表现出经济趋同性。当资本和知识的规模报酬大于 1 时，意味着存在规模收益递增。在这种情况下，更多的物质资本将从落后地区流向发达地区，发达地区会产生更多的知识，其经济产出增长率将更高，因此经济会趋于发散，不具有收敛性。当资本和知识的规模报酬等于 1 时，知识生产函数也呈现出规模报酬不变的特性，在这种情况下，资本增长率和知识增长率是斜率相等的两条直线。当人口增长率大于 0 时，资本增长率和知识增长率都会趋于发散，此时经济产出增长率也趋于发散。反之，当人口增长率等于 0 时，资本增长率和知识增长率都会趋于收敛，在这种情况下，经济产出增长率也会趋于收敛。

从古典经济增长理论到新古典经济增长理论，再到新增长理论的演化进程来看，前期的经济增长理论主要从资本、劳动力、自然资源禀赋等视角衡量经济增长的内在动力，极易产生"资源诅咒"以及价值链的低端锁定等陷阱，例如"中等收入陷阱"，而新增长理论强调的技术进步与人力资本积累才是实现经济长期增长的根本动力。

2.2 数字经济的相关研究

2.2.1 数字经济的理论内涵

根据国家统计局《数字经济及其核心产业统计分类（2021）》，数字经济是以数据资源作为关键生产要素，以现代信息网络作为重要载体，以信息通信技术的有效使用作为效率提升和经济结构优化的重要推动力的一系列经济活动。中国信息通信研究院的研究报告则认为，数字经济是以数字化的知识和信息作为关键生产要素，以数字技术创新为驱动力，以现代信息网络为重要载体，通过数字技术与实体经济的深度融合，不断提高传统产业数字化与智能化水平，加速重构经济发展与政府治理模式的新经济形态。综合而言，数字经济并非简单的互联网行为，其本质在于信息化，即以信息通信技术为基础，实现交易、交流与合作的数字化，以此推动经济社会的进步与发展（严若森和钱向阳，2018）。[23] 从广义视角来看，数字经济就是以数字化的信息为核心生产要素，以信息化和互联网发展为支撑，通过数字化技术提供产品或服务，使生产者与消费者进行数字交易的新经济形态（荆文君和孙宝文，2019）。[24] 从狭义视角来看，数字经济即数字产业的增加值（康铁祥，2008）。[25] 数字经济是继农业经济、工业经济之后的新一轮经济形态，而从人类社会发展史上看，任何一次经济形态的变革都会为社会发展带来强劲动能。农业经济提高了人类的生存能力，使人类由野蛮时代走向文明社会；工业经济通过机器大生产解放了人类单纯的体力劳动，改变了产品供给不足的困境，加速了人类文明史的进程；数字经济则通过推动新一轮科技革命与产业革命向更高级形态演进，对人类生产方式、社会生产关系以及经济社会结构都将产生重大影响。数字经济的发展大致可以分为三个阶段，第一阶段是 1996~2008 年，经济发展形态进入了信息互联网时代；第二阶段是 2008~2018 年，由信息互联网时代向消费互联网时代演进；第三阶段是 2018 年至今，由消费互联网时代向产业互联网时代演进，当前我国已经快速进入了产业互联网时代。

20 世纪 90 年代，加里和斯科特（Gary & Scott，1998）[26] 前瞻性地提出数字经济将在国家和地区经济增长中扮演着重要的角色，这一观点得到了多数学者的认可。数字经济作为新一轮经济体系架构的重要支柱，驱动全球科技革命和产业革命向更高级形态演进，成为全球技术创新、产业变革以及现代化经济体系建设的重要引擎（Knickre-hm et al.，2016）。[27] 它通过重塑现有的生产方式和组织模式，不仅有助于解放传统的生产力，而且可以创造新动能，以互联网为基础的数字经济有效解决了市场中信息不对称问题，为学习新技术新知识提供了多元化的渠道。数字经济还能够将社会中的闲散资源（如土地、房屋、劳动力、知识、技术等）进行有效整合，促使全社会的资源配置能力和效率都得到极大提升（张新红，2016）。[28] 数字经济还能够深刻影响生产者与消费者行为，重塑经济地理格局，有助于破解地区的非均衡发展（安同良和杨晨，2020）。[29]

2.2.2 数字经济的技术经济特征

数字经济的核心是数字技术和数据要素，数据要素是数字经济时代最重要的生产要素之一。在农业经济时代，土地和劳动力是影响经济增长的关键生产要素，在工业经济时代，资本和技术成为影响经济社会发展的重要生产要素，而在数字经济时代，数据要素将成为驱动经济发展的"新石油"。2020 年 3 月，中共中央、国务院颁布了《关于构建更加完善的要素市场化配置体制机制的意见》，将数据要素正式纳入生产要素的范畴，标志着数据要素成为继资本、劳动力、知识和技术之外的另一种新的独立生产要素。根据国家工业信息安全发展研究中心的估算，2018 年我国的数据要素规模为 7.6ZB，约占全球的 23%，到 2025 年有望增至 27.8%，届时我国将成为全球最大的数据圈。2022 年 6 月 22 日中央全面深化改革委员会第二十六次会议颁布了《关于构建数据基础制度更好发挥数据要素作用的意见》，进一步强调了数据要素在转变经济增长方式，提高我国综合国力，重塑国际竞争格局中的重要意义。从广义视角来看，数据要素是指通过测度或统计产生的可用于分析、决策的信息和事实。从狭义视角来看，数据要素是指以二进制"0""1"字符串编码，被计算机进行存储和处理的信息（蔡跃洲和马文君，2021）。[30] 不同于土地、资本、劳动力等传统有形的生产要素，数据要素具有非竞争性、低成本复制性、外部性、即时性以及虚拟性等技术经济特征。具体而言：

（1）非竞争性。

传统的土地、劳动以及资本等生产要素在同一时间不能被多个生产部门使用，且使用后其（使用）价值会出现减小或转移。然而数据要素的非竞争性使其不仅可以在同一时间段被多个生产部门使用，而且被使用后其使用价值不会被削弱，甚至可能出现增值（Jones & Tonetti，2020）。[31]

（2）低成本复制性。

得益于新一代信息技术的大规模商业化应用，数据要素生产、收集的边际成本已经十分接近于零，呈现出低成本、大规模可得的经济特征。这也是数据要素能够被广泛使用并成为关键生产要素的动力源泉。

（3）非排他性。

排他性又被称为独占性，是指当某个经济主体完全拥有一件产品（或服务）时，就阻止了其他经济主体使用这件产品（或服务）的权利。非排他性是公共物品（或公共服务）具有的技术经济特征。不同于土地、劳动力等生产要素面临着的稀缺性制约，数据要素生成过程的技术特点和特殊的物理形态赋予数据要素呈现出较强的非排他性（或部分排他性）。

（4）正外部性。

数据要素具有显著的正外部性，通过对数据的收集和分析有助于优化企业生产流程、降低运营成本。与此同时，数据要素的正外部性在数字平台的环境下能够得到放大，形成的网络外部性和网络价值性能够间接推动其他生产部门的效率提升，最终有助于提高企业生产效率。

（5）即时性。

数据要素的即时性是指随着云计算、大数据分析以及人工智能等数字技术的广泛应用，数据和信息的收集、处理以及快速分析能力得到了明显提升，这将有助于推动经济行为的信息传递和技术应用等表现出即时效应。例如，数字技术推动知识信息能够实现网络搜索、智能推荐，极大地降低了技术转换和应用的时间成本。

（6）虚拟性。

此外，数据是一种虚拟性的生产要素，不能单独创造价值（Mueller & Grindal，2019）[32]，它要依附实体经济存在。因此，数据要素与实体经济融合是数字经济时代的一个鲜明特征。

数据要素的技术经济特征使其同传统有形的生产要素存在着根本区别，这也是数字经济得以快速发展的基础。

2.2.3　数字经济的测度

随着数字经济的快速演进，关于数字经济的测度受到了理论界与实务界的广泛关注，然而目前关于数字经济的测度仍缺乏统一的口径。一方面，世界各国对数字经济的认知存在差异，侧重点各有不同；另一方面，数字经济的虚拟性、高渗透性及外部性等特点加剧了数字经济测度的困难（温珺等，2019）。[33]已有文献关于数字经济的测度主要包含两个方面：一是通过识别与数字经济相关的产业，进而估算地区数字经济规模。如美国经济分析局（BEA）[①] 采用供给使用表从数字基础设施建设、数字媒体和数字交易等三个维度测算了美国数字经济规模。腾讯研究院以数字产业、用云量以及企业微信使用量等作为解释变量，通过回归估算了中国数字经济规模。中国信息通信研究院基于数字化产业、产业数字化和数字化治理三个维度估算了我国数字经济规模增加值。向书坚和吴文君（2019）[34] 通过构建数字经济框架对我国数字产业主要部门的增加值进行了测算。许宪春和张美慧（2020）[2] 借鉴 BEA 的测算方法，从数字化媒体、数字化交易、数字化赋权基础设施以及数字经济交易产品四个视角出发，估算了我国的数字经济规模。二是采用能反映数字经济的指标构建指数，综合测度地区数字经济发展水平。如经济合作与发展组织（Organization for Economic Co-operation and Development，OECD）[②] 使用比较法，从基础设施建设、社会活力、信息通信技术（ICT）以及促进经济增长与就业等维度测算了数字经济发展情况。欧盟委员会[③]从宽带接入、人力资本水平、互联网应用、数字技术应用以及公共服务数字化程度五个视角出发，构建了数字经济与社会指数（DESI），该指数能够评估地区数字经济发展水平。上海社会科学院[④]从基础设施、数字创新、数字产业以及数字治理四个视角评估了全球主要国家和经济体的数字经济竞争力。刘军等（2020）[35] 借鉴世界经济论坛（WEE）构建的网络化准备指数（NBI）的确权方法从信息化、互联网和数字交易三个维度出发构建了数字经济评价体系，从而测算了中国 30 个省份的数字经济发展指数值。吴晓怡和张雅静（2020）[36] 利用主成分

① https：//www. bea. gov/system/files/2019 – 04/digital-economy-report-update-april-2019_1. pdf.

② OCDE. Measuring the Digital Economy：A New Perspective ［R］. Paris：OECD Publishing，2014.

③ European Commission. DESI 2015：Digital Economy and Society Index. Methodological note ［R］. Brussels：European Commission，2015.

④ 上海社会科学院经济研究所. 全球数字经济竞争力发展报告 ［M］. 北京：社会科学文献出版社，2017.

分析法和功效得分法从移动网络与人才培养、信息通信承载能力、经济技术基础三个维度评估了我国省域数字经济发展水平。赵涛等（2020）[37]使用互联网普及率、相关从业人员数以及数字普惠金融发展指数等指标构建了数字经济综合评价体系，测度了城市层面的数字经济发展水平。张少华和陈治（2021）[38]从信息化基础设施、互联网融合、数字化人才以及数字技术产出四个维度出发，构建了中国省域数字经济发展评价体系，以衡量各省份的数字经济发展水平。杨慧梅和江璐（2021）[39]则基于产业数字化与数字化产业两个维度测算了地区数字经济发展水平。

2.3 城市经济高质量发展的相关研究

经济发展不仅是宏观经济领域最为核心的研究议题之一，也是世界各国政府关注的核心命题。在此意义上，本书梳理了国内外关于城市经济高质量发展的现有研究成果。

2.3.1 城市经济高质量发展的研究脉络

在历史的发展长河中，经济增长先后经历了古典、新古典以及新增长三大主流学派的理论演进，经济增长也经历了由追求经济增长数量向追求经济增长质量的转变。在古典经济主义时期，经济发展正处于由经济停滞向经济增长的突破阶段，因此古典经济增长理论对经济增长的研究主要是从产出视角出发。例如，刘易斯（1957）[40]将人均收入作为衡量经济增长的核心指标，即经济增长意味着国民生活水平的提高。随后，新古典经济增长理论的学者们拓展了传统经济增长对经济动力研究的不足，在经济增长的理论分析框架中纳入了资本积累、资源配置效率等生产要素，有效丰富了经济增长的理论内涵。但是在古典经济增长理论和新古典经济增长理论中，学者们通常将经济增长数量作为衡量经济增长的主要指标。在这一阶段，关于经济增长质量的研究相对较少。随着相关研究的深入，新增长理论学派中关于创新、资源配置、全要素生产率提升等思想，逐渐开启了关于经济高质量发展的探索。1977 年，苏联经济学家卡玛耶夫（1983）[41]首次提出了经济增长质量这一概念，他将经济增长质量概括为生活生产资料的增加、消费品数量的增加、产品质量的提高和生产资料配置效率的提高。尔后，巴罗（Barro，2002）[42]在经济增长的研究框架中纳入了教育、健康、收入分配等因素，并进一步指出经济增长质量与经济发展、收入分配等经济社会的各个方面都有着广泛的联系。波义耳（Boyle，2009）[43]指出，人与自然的和谐相处以及提升人民的生活水平才是经济高质量发展的核心体现。尼加基和沃里尔（Nijaki & Worrel，2012）[44]认为，健康的经济循环体系是衡量经济发展质量的重要标准。亚历桑德拉（Alexandra，2016）[45]指出，经济发展质量水平还应该考虑国民受教育年限、国民预期寿命以及就业环境等因素的影响。米拉奇拉等（Mlachila et al.，2017）[46]指出，经济高质量发展区别于传统的经济增长，其不仅关注经济增长率的提升，还关注社会居民福利水平的提高。

随着我国经济的快速发展，城市经济总量和发展规模都得到了显著的扩大，但是城市之间的经济结构、产业结构、资源配置效率和社会贫富差距仍然存在较大差距，推动城市经济高质量发展正是要合理解决这些问题。党的十八届五中全会提出了创新、协调、绿色、开放、共享的新发展理念，开启了经济高质量发展的新篇章。2017 年，中国共产党第十九次全国代表大会提出了我国要由高速增长阶段转向高质量发展阶段的伟大论断，表明从改革开放至今，我国经济发展已经取得了阶段性的成就，当前及今后的经济工作重心在于提高经济发展活力、科技创新竞争力，不断提高要素资源配置效率，深入推进经济高质量发展。在 2017 年 12 月 18 日的中央经济工作会议上，习近平总书记进一步指出："高质量发展，就是能够很好满足人民日益增长的美好生活需要的发展，是体现新发展理念的发展，是创新成为第一动力、协调成为内生特点、绿色成为普遍形态、开放成为必由之路、共享成为根本目的的发展。"这种发展方式不仅意味着要追求生产的高效性和发展的均衡性，还意味着要追求绿色发展以及人的全面发展（黄群慧，2018）[47]，即以更好地满足人民群众的美好幸福生活为基石，实现经济、社会和自然同步的"共同进化"（王伟光，2017）。[48] 相较于"经济发展质量"和"经济增长质量"等概念，经济高质量发展包含了经济社会发展的各个领域。其不仅强调了经济发展的多目标性，还强调了发展的高层次性；不仅重视经济发展结果，更看重经济发展过程；不仅重视当前经济发展动力，更看重经济可持续发展的潜力。"新发展理念"为我国推进经济高质量发展提供了行动纲领，确定了今后一段时期经济社会发展的方向和价值追求（程恩富，2016）。[49]

2.3.2　城市经济高质量发展的理论内涵

在城市经济高质量发展的理论研究方面，多数国内外学者主要从城市竞争力视角出发探讨城市经济高质量发展水平，并对影响城市经济高质量发展的各种因素进行了广泛的研究。丹尼斯和罗迪内利（Dennis & Rondinelli，1975）[50] 认为，城市竞争力是反映城市经济发展质量水平的核心变量。郝寿义和倪鹏飞（1998）[51] 指出，城市竞争力是提高城市经济发展质量的重要渠道之一，且促进多维城市竞争力是提高中国城市经济高质量发展的重要举措。迈克尔（Michael，2003）[52] 从产业转型视角出发，通过钻石模型探究了影响产业发展的因素，进而提出城市经济的高质量发展要依靠产业转型升级来实现。韩士元（2005）[53] 在归纳总结城市经济发展一般规律的基础上，指出城市经济发展和生态环境的同向化是推动城市经济高质量发展的有效形式。扎纳基斯和费尔南德斯（Zanakis & Becerra - Fernandez，

2005)[54]指出，不能忽视非经济因素对城市经济高质量发展的重要影响。本内沃瑟和豪斯佩斯（Benneworth & Hospers，2007）[55]从知识视角出发，强调了人力资本和知识技术在城市经济高质量发展中的重要作用。乔里安普罗斯等（Chorianopoulos et al.，2010）[56]则从土地开发的视角出发，强调了城市在发展过程中要注重土地利用效率和分布格局，盲目开发无益于城市经济高质量发展。金培（2018）[57]指出，能够更好地满足人民群众多元化需求的经济发展模式、经济结构和动力状态是经济高质量发展的集中体现。任保平（2018）[58]指出，在新发展阶段必须实现由注重经济增长数量向经济增长质量的转变，将坚持创新驱动作为推动经济高质量发展的根本，通过科学决策实现我国经济结构的优化。李伟（2018）[59]认为，经济高质量发展意味着要素的供给与需求、收入分配、投入产出等多维度的高质量循环。陈昌兵（2018）[60]认为，必须坚持供给侧结构性改革这一核心任务，从质量、效率和动力三个方面进行深度变革以实现经济增长动力的转换。刘友金和周健（2018）[61]从产业创新发展的视角出发，提出要发挥大国优势，通过实施主导的价值链分工战略实现经济增长的"提质增效"。师博和张冰瑶（2019）[62]提出，要想实现经济高质量增长必须提高城市在社会和生态层面的发展成果。刘志彪（2018）[63]、冯俏彬（2018）[64]等学者认为，"创新、协调、绿色、开放、共享"是经济高质量发展的集中体现，这是一种注重效率、兼顾公平、追求可持续性的经济发展模式。张立群（2017）[65]将经济高质量发展定义为解决供需结构性失衡、实现供需动态高效匹配的过程。韩军辉等（2019）[66]认为，经济高质量发展应体现在生产环境的低投入、低污染，分配环节要兼顾公平与公正、交换环节要稳定高效。严成樑（2020）[67]认为，当前已有研究主要从经济效率的视角衡量经济增长质量，忽视了对公平的关注。

2.3.3　城市经济高质量发展的影响因素

对中国而言，推进城市经济高质量发展的进程面临着一定的挑战。一方面，虽然我国已经实现了全面建成小康社会的伟大成就，拉开了全面建设社会主义现代化国家的新征程，然而这并不能说明在未来的经济发展道路上我们可以只关注经济发展质量，忽略经济增长数量。实际上，当前我国城市之间的经济发展差距、人民群众的贫富差距仍相对较大。因此，在追求经济发展质量的同时，还应该使经济增长处于相对合理的范围，经济增长数量是实现经济高质量发展的物质基础。另一方面，在传统发展模式和思维惯性的背景下，我国城市之间的人力资本与物质资本错配现象严重，农村劳动力市场供给和城市劳动力需求分割，过度依赖廉价劳动力和教育分配失衡进一步加剧了人力资本积累的跨代抑制（杨耀武和张平，2021）[68]，导致城市内部和城市之间的要素市场供需失衡。此外，由于我国制造业发展起步晚，诸如半导体、高性能计算等高精尖产业仍处于全球产业链的中低端，从而使得部分核心技术仍受制于西方发达国家，现有创新能力无法满足现实需求。

基于此，学者们深入探究了关于促进经济高质量发展的内在机制。蔡昉（2018）[69]认为，全要素生产率提升是推动经济高质量发展的重要动力，这一观点得到了贺晓宇和沈坤荣（2018）[70]、陈昌兵（2018）[60]、郭新茹和陈天宇（2021）[71]等学者的认可。张占斌和杜庆昊（2018）[72]指出，要通过完善现代经济体系、宏观调控体系、政策协同体系和制度环境体系四个方面推动经济高质量发展。张军扩（2018）[73]认为，推动经济高质量发展的关键在于加快完善体制和政策环境，政府的管控和引导是实现经济高质量发展的有力保障。孙早和许薛璐（2018）[74]强调，产业自主创新能力提升是提高经济发展质量的核心因素。方敏等（2019）[75]指出，产业的专业化集聚能够促进经济高质量发展。陆凤芝和王群勇（2020）[76]基于准自然实验发现，高铁开通能够显著促进城市的经济高质量发展，且相较于东部与省会城市，高铁开通对中西部和非省会城市经济高质量发展提升的促进作用更大。上官绪明和葛斌华（2020）[77]指出，科技创新和环境规则对城市经济高质量发展具有重要的影响。杨耀武和张平（2021）[68]认为，要想实现经济高质量发展，必须在提高要素市场配置效率的基础上进一步加强知识产权保护，提高人力资本的激励和福利体系。

2.3.4　城市经济高质量发展的评价体系

当前，关于经济高质量发展水平的衡量主要有狭义和广义两种方法，以此形成了单一核心指标衡量和构建经济高质量发展综合评价指标体系衡量等两种测度方法。从狭义视角来看，全要素生产率是学者们主要采用的指标之一，如萨勒米特等（Saleemet et al.，2019）[78]、李平等（2017）[4]、陈晨和刘冠军（2019）[79]等使用全要素生产率衡量经济高质量发展水平。此外，也有学者使用劳动生产率（陈昌兵，2018；陈诗一和陈登科，2017；李元旭和曾铖，2019）[60][80-81]、绿色全要素生产率（卢丽文等，2017；郑垂勇等，2018；余永泽等，2019）[82-84]等指标衡量经济高质量发展水平。从广义视角来看，经济高质量发展水平是一个综合性的概念，单纯以全要素生产率等指标进行衡量缺乏足够的解释力和可信度（任保平和文丰安，2018）[85]，因此使用综合指数法衡量经济发展质量水平成为国内外机构与学者更为常用的一种方法。1995年，世界银行基于自然资本、社会资本、人力资本和人造资本四个维度搭建了经济可持续发展框架。次年，联合国可持续发展委员会又从经济发展水平、制度发展水平和社会发展水平三个视角出发，构建了经济高质量发展评价体系。2002年，联合国开发计划署在《人类发展报告中》提出了"人类发展指数"这一概念，该指标的核心在于强调居民生活水平是衡量经济发展质量的重要体现。赵英才等（2006）[86]从产出质量、产出消耗、产出效率、经济运行质量和生存环境五个方面构建了经济增长质量评价体系。钞小静和惠康（2009）[87]从结构、环保、公平以及稳定等多维视角构建了中国经济增长质量评价体系。任保平等（2015）[88]从经济增长结构、经济增长效率、发展稳定性、福利分配、生态环境水平以及国民经济素质六个方面构建了经济增长质量综合测度指标。宋明顺等（2015）[89]从经济、民生与生态治理三个方面搭建了经济高质量发展框架。詹新宇和崔培（2016）[90]基于新发展理念并使用主成分分析法测算了我国省级层面的经济增长质量综合指数。齐（Qi，2016）[91]构建了包含经济结构、经济数量、经济效率以及协调性在内的经济高质量发展框架。师博和任保平（2018）[92]从经济增长禀赋和社会发展成果两个视角出发，测算了我国省域层面的经济高质量增长指数值。魏敏和李书昊（2018）[93]从经济结构优化等十个方面构建了经济高质量发展指标框架。赵涛等（2020）[37]从包容性 TFP、产业结构、技术创新、居民生活水平以及生态环境五个方面，构建了中国城市层面的高质量发展评价指标体系。孔等（Kong et al.，2021）[94]从经济效率、稳定性以及可持续性三个维度出发衡量了经济高质量发展水平。

2.4　数字经济影响经济增长的相关研究

作为继农业经济和工业经济之后的新一轮经济形态，数字经济成为推动经济社会深度变革的重要因素，数字化的核心就是数字技术及由数字技术延伸而来的新商业模式。当前，学者们关于数字经济对经济增长的影响进行了广泛的研究。

2.4.1　宏观层面数字经济影响经济增长的相关研究

从宏观视角来看，海耶斯和埃里克森（Hayes & Erickson，

1982)[95]认为，信息技术作为一种重要的生产资料有助于促进经济增长。丁和海耶尼斯（Ding & Haynes，2006）[96]研究发现，数字基础设施建设的不断完善有助于提高地区经济增长水平，且这一过程对地区均衡发展同样具有积极意义。比斯瓦斯（Biswas，2004）[97]研究表明，数字经济通过提高技术水平与变革消费结构两条作用机制促进经济增长。于（Vu，2013）[98]以新加坡为研究样本，实证表明，信息通信技术的投资有助于提高经济增长水平。埃文斯（Evans，2019）[99]同样研究表明，信息通信技术对经济增长具有明显的促进作用。萨万等（Sawng et al.，2021）[100]则进一步发现，信息通信技术对经济增长的促进作用主要在短期内显现，这一研究结论得到了奥德希埃姆伯（Odhiambo，2022）[101]的验证。国内学者何强（2012）[102]以我国省域面板数据为研究样本，实证表明信息技术产业的发展有助于推动经济增长。孙琳琳等（2012）[103]研究发现，信息通信技术带来的资本深化与企业全要素生产率提升是数字经济促进经济增长的两条重要渠道。蔡跃洲和张钧南（2015）[104]指出，数字技术主要通过替代效应和渗透效应促进经济增长。龙飞（2016）[105]研究表明，数字经济通过规模经济、知识经济和技术进步等渠道推动了经济结构转型优化。丁起宏（2016）[106]指出，数字经济通过降低传统生产要素的规模报酬递减趋势、降低企业生产成本等渠道促进经济增长。孙早和刘李华（2018）[107]研究表明，数字经济对市场化水平和人均受教育程度较高地区的全要素生产率提升更明显。荆文君和孙宝文（2019）[24]通过对新古典经济增长模型的拓展，探讨了数字经济影响经济增长的内在机理，他们认为，新要素的投入、要素配置效率和全要素生产效率的提高是数字经济促进经济高质量发展的重要渠道。张少华和陈治（2021）[38]以中国省域面板数据为研究样本，实证表明数字经济对区域经济增长存在单门限效应，只有当数字经济超过单一门限值之后，其对经济增长的正向作用才会显著。葛和平和吴福象（2021）[108]认为数字化是推动经济高质量发展的第一动力，经济结构优化和经济效率提升是数字经济促进经济高质量发展的两条重要途径。

此外，数字经济对经济增长的作用还可能受到地区经济发展水平的影响（Ward & Zheng，2016）。[109] 其中，汤普森和加尔巴茨（Thompson & Garbacz，2011）[110] 认为，信息化对低收入地区经济增长的促进作用要显著高于高收入地区，因此受益于信息通信技术的发展，低收入地区能够迅速缩小与高收入地区的经济发展差距（Steinmueller，2008；Łukasz，2015）[111-112]。德万和克莱默（Dewan & Kraemer，2000）[113] 则认为，信息通信技术对发达国家经济增长的促进作用要显著高于欠发达国家。原因在于欠发达国家缺乏足够的竞争空间，导致数字经济对经济增长的影响较小，而在发达国家，得益于自由竞争市场机制的发挥，数字经济对经济增长具有明显的促进作用。随着信息通信技术的普及，发达国家信息通信技术设备的相对价格下降速度可能要快于发展中国家，这有利于吸引更多的信息通信技术投资，投资导致的学习型经济进一步促进了地区经济增长（Niebel，2018）。[114] 综合而言，已有研究主要从数字化生产、资源配置效率、技术市场发展以及经济结构优化等视角探索了数字经济对经济增长的积极意义，但是关于数字经济对经济增长的异质性及协同发展能力的探索仍相对较少，需要进一步深入研究。

2.4.2 微观层面数字经济影响经济增长的相关研究

从微观视角来看，已有研究主要从促进产业结构转型优化与推动企业创新创业能力提升等方面展开探讨。一方面，产业结构反映地区经济结构，体现地区的功能定位，产业结构升级是数字经济影响经济增长的一个重要渠道。国外学者赫尔姆等（Abinnour – Helm et al.，2003）[115] 研究表明，数字技术的应用将对传统产业的转型升级发挥重要作用。李等（Lee et al.，2009）[116] 研究认为，产业的数字化程度越高，该产业的转型升级能力越强。国内学者杨学坤和吴树勤（2009）[117]认为，信息化通过促进产业结构高级化推动了经济增长。韩先锋等（2014）[118]实证表明，数字技术有利于推动中国工业部门的技术创新效率提升。储伊力和储节旺（2016）[119]进一步研究表明，数字技术的应用对东部地区的技术创新能力提升要强于中部地区。阳长征（2022）[120]指出，数字技术的扩散对技术创新效率呈现出边际效应递增趋势。此外，李波和梁双陆（2017）[121]认为，数字技术在优化生产流程，降低企业生产成本的同时，还能够提高产品质量。丁志帆（2020）[122]认为，产业创新效应、产业关联效应及产业融合效应是数字经济对传统产业进行数字化改造的重要途径，这一过程能够明显扩大技术创新的可能性边界，从而推动产业结构的调整与转型升级。首先，信息通信技术变革了传统制造业与服务业的产业链结构，通过在社会各领域的普及和渗透，推动和引领企业的数字化转型，从而推动形成信息产品供给与产业需求的双向循环发展格局；其次，数字经济的出现不可避免地淘汰过剩产能，重塑产业供给侧结构性改革（何大安和许一帆，2020）[123]，促使产业结构从较低水平向高级水平演进，为实现经济高质量发展注入了活力。殷天赐（2022）[124]通过将信息技术产业和产业结构高级化纳入经济增长的理论框架中，研究表明，信息技术产业通过推动产业结构高级化进而促进了经济增长。另一方面，数字经济通过提高企业的创新创业能力有助于推动经济增长。塔姆比和希特（Tambe & Hitt，2012）[125]认为，ICT技术投资有助于提高企业生产效率，进而推动经济增长。薛剑虹（2012）[126]指出，信息技术是企业提高创新效率的重要工具。魏新颖和王宏伟（2017）[127]进一步研究表明，数字技术的应用能够明显促进高技术企业的全要素生产率提升。陈庆江和赵明亮（2018）[128]认为，数字技术通过技术渗透和网络效应有助于扩大企业创新的激励效应。赵涛等（2020）[37]认为，数字技术产生的规模经济、范围经济以及长尾效应有利于促进供求双方高效率的匹配，从而推动经济高质量发展。李和杜（Li & Du，2021）[129]研究表明，数字技术的应用通过降低创新资源的低效错配有助于促进企业的科技创新产出增加。陈利等（2022）[130]研究认为，数字技术的应用提高了数字普惠金融发展水平，降低了企业融资困境，从而为企业创新效率提升提供了动力支撑。此外，已有文献表明，数字经济通过提高企业创业活跃度同样能够促进经济增长，其理论逻辑在于数字经济通过降低企业的交易成本，提高交易效率（Ming & Werner，2003）[131]、破解地区金融差异化问题，提高金融服务可得性（Yin et al.，2019，陈利等，2022）[132][130]以及降低信息摩擦，提高创业者信息获取度（周广肃和樊纲，2018）[133]等多方面提高地区创业活跃度。张勋等（2019）[134]以中国家庭追踪调查（CFPS）数据为研究样本，发现数字普惠金融能够明显提高农村居民的创业行为，尤其是可以明显提升农村低收入群体的家庭收入。

随着我国资源优势、人口红利优势的逐渐弱化，传统粗放式的发展模式难以支撑中国经济的长期增长，以技术要素代替资源要素的全要素生产率提升是实现经济长期增长的重要动力和根本源泉。数字经济的发展能够带动产业的数字化转型，促使生产和使用信息通信技术行业的全要素生产率提升，进一步通过技术外溢效应推动整个社会的全要素生产率提升（Jorgenson et al.，2007）。[135]数字经济还能够将社会中的闲散资源（如土地、房屋、劳动力、知识、技术等）进行有效整合，促使全社会的资源配置能力和效率都得到极大提升（张新红，2016）。[28]对数字技术的投入也是一种资本投入，数字技术与劳动力结合可以促进资本的深化，数字技术与其他生产部门的融合可以推动生产效率的提高，数字经济带来的资本积累和劳动生产率提升能够显著促进经济高质量发展（Dahlman et al.，2016）。[136]

2.5 文献述评

随着世界经济形态由工业经济蝶变到数字经济，数字化与智能化成为未来一段时间经济社会发展的核心，数字经济的发展水平也将成为影响一个国家或地区经济发展能否可持续的重要因素之一。数字经济带来的不只是一场技术革命，更多的是对经济社会全方位的深度变革，无论是生产者还是消费者，无论是政府还是企业，都将受到数字经济演进的影响。因此，探究数字经济对城市经济高质量发展的影响具有重要的意义。相较于欧美等发达国家，我国关于数字经济与经济增长的相关研究起步较晚，但是发展迅速，已经取得了相对丰硕的研究成果。在定性研究上，学者们主要探讨了数字经济的理论内涵，技术经济特征以及数字经济影响经济增长的内在机理。在定量研究上，学者们主要关注数字经济规模的测度以及考察数字化转型对经济增长的影响及作用机制。

梳理已有文献可知，国内外的大多数学者都认可由数字经济发展带来的经济增长效应。然而，学者们关于数字经济对地区经济增长的差异性却有着不同的认知。这种差异性不仅可能会受地理位置、资源禀赋等因素的影响，还可能会受到经济发展水平、制度环境等因素的制约。随着研究的深入，国内关于数字经济影响区域经济增长的相关文献逐渐增多，但是已有研究主要以省际数据为研究样本，聚焦到城市层面的研究相对较少，且忽视了政府行为在其中的作用，与此同时，关于数字经济对区域经济协同发展的影响同样缺乏系统且深入的探讨。基于此，本书以中国城市面板数据为研究样本，从数据要素的"技术"和"资本"双重属性出发，系统探索了数字经济对城市经济高质量发展的影响以及政府行为在二者关系中的作用，进一步从效果和机制两个视角出发，考察了数字经济对城市经济高质量发展"后发优势"的影响，这是对已有文献的有效补充。

综合而言，国内外学者关于数字经济与经济增长进行了广泛的研究，但仍存在一定的拓展空间。尤其是在"双循环"的新发展格局背景下，数字经济对城市经济高质量发展的影响效应及协同发展能力仍存在进一步深化研究的必要。

第 3 章

数字经济影响城市经济
高质量发展的理论分析

在第 2 章理论回顾与文献综述的基础上，本章将构建数字经济对城市经济高质量发展影响的理论分析框架。首先，将数据要素作为一种新的独立生产要素纳入经济增长模型中，探讨数字经济与经济增长之间的关系，为后文的研究奠定基调；其次，基于创新、协调、绿色、开放、共享的新发展理念，探索性构建数字经济影响城市经济高质量发展的理论分析框架；最后，基于区域经济高质量协同发展理念，探讨数字经济能否驱动落后城市发挥"后发优势"，实现向发达城市的经济高质量发展追赶。通过上述研究，有助于厘清数字经济对城市经济高质量发展影响的变动趋势，从而为后面章节的实证检验提供理论依据。

3.1 纳入数据要素下新古典经济增长
模型的经济稳态分析

传统的柯布—道格拉斯生产函数主要包含资本与劳动力两种生产要素，而在数字经济时代，数据要素在企业中的重要意义使其成为一种重要的生产要素。由第 2 章的理论基础可知，数据要素的虚拟性特征使其具有"技术"和"资本"的双重属性，从数据要素的"技术"属性来看，数据要素要以数字技术为载体才能参与生产过程。从数据要素的"资本"属性来看，数据要素与资本要素具有一定的相同之处，也存在一定的差异性。相同之处是指数据要素和资本要素都是通过直接或间接的形式参与生产过程，而不同之处在于数据要素的低成本复制性、非排他性以及虚拟性等技术经济特征，使其难以和传统的资本要素完全等同。因此，为了更清晰地认知数据要素在生产过程中的作用，本节假设数据要素是一种独立于劳动要素和资本要素之外的新生产要素，并将其纳入生产模型中。首先，考虑一个柯布—道格拉斯生产函数：

$$Y(t) = F[K(t), L(t), A(t)] \tag{3.1}$$

其中，Y 为产出，K、L 分别为资本、劳动力的投入量，A 为除资本、劳动力投入之外的技术水平。进一步地，本节将数据要素作为一种新的独立生产要素纳入上述生产模型中：

$$Y(t) = F[K(t), L(t), D(t), A(t)] \tag{3.2}$$

其中，D 为数据要素的投入量。为方便后续的研究，本节借鉴索罗－斯旺模型作出如下假设：一是将研究对象视为一个相对封闭的经济体，即不考虑国际贸易的影响。二是定义两个影响资产变化率的指标，即储蓄率（s）和折旧率（δ）。其中，储蓄率代表生产者、消费者将总产出中的一定比例用于储蓄，这一比例通常受一个地区的消费习惯、文化习俗以及经济发展水平的影响，假定这一数值是恒定不变的。折旧率反映资本和数据要素在一定时间内的损耗比例，该数值主要由资本和数据要素本身的技术经济特征所决定。

对一个封闭的经济体而言，储蓄率将决定资本积累的增长速度，而折旧率将反映物质资本的损耗速度。因此，在一定时间内一个地区的资本增加量等于新增加的投资减去原有资本的折旧程度。在数字经济时代，企业新增加的投资不仅包括传统的物质资本，还包括数据资产的增加。

$$\dot{K} + \dot{D} = I - \delta_K \cdot K - \delta_D \cdot D = s \cdot F(K, \ L, \ D, \ A) - \delta_K \cdot K - \delta_D \cdot D$$

$$(3.3)$$

其中，I 为新增加的投资，s 为储蓄率，δ_K 和 δ_D 分别为物质资本折旧率和数据要素折旧率。相较于传统的物质资本折旧率，数据要素的折旧率表现为一定时期内数据资产的价值损耗与数据资产原值的比率，不同于机器设备、仪器仪表和运输工具等固定资产由于长期使用导致的折旧，本节认为数据要素的折旧主要体现在数据价值的减弱（或丧失）上。相较于传统生产要素，数据要素的虚拟性特征使得数据要素的价值在生产过程中不会出现明显的衰减，因此物质资本的折旧率要远高于数据要素的折旧率：

$$\delta_D \ll \delta_K \tag{3.4}$$

进一步地，本节假定经济体中的人口结构保持一个相对稳定的增长率，即满足如下的指数形式：

$$L(t) = L(0) \cdot e^{nt} \tag{3.5}$$

将劳动力对时间求导可得：

$$\dot{L} = n \cdot e^{nt} \cdot L(0) = nL \tag{3.6}$$

将式（3.3）等号左右两边分别除以 L，得到式（3.7）：

$$\frac{\dot{K}}{L} + \frac{\dot{D}}{L} = s \cdot f(k, \ d) - \delta_K \cdot k - \delta_D \cdot d \tag{3.7}$$

上式中，k 和 d 分别为人均资本存量和人均数据要素存量，即 $k = K/L$ 和 $d = D/L$，f 为人均产出水平。对人均资本存量有：

$$\dot{k} = \frac{\mathrm{d}(K/L)}{\mathrm{d}t} \tag{3.8}$$

其中，

$$\frac{\mathrm{d}(K/L)}{\mathrm{d}t} = \frac{\dfrac{L \cdot \mathrm{d}K}{L^2} - \dfrac{K \cdot \mathrm{d}L}{L^2}}{\mathrm{d}t} = \frac{\dot{K}}{L} - k \cdot \frac{\dot{L}}{L} \tag{3.9}$$

将式（3.6）代入式（3.9）中，有：

$$\dot{k} = \frac{\dot{K}}{L} - nk \tag{3.10}$$

同理，对人均数据要素存量有：

$$\dot{d} = \frac{\mathrm{d}(D/L)}{\mathrm{d}t} \tag{3.11}$$

$$\frac{\mathrm{d}(D/L)}{\mathrm{d}t} = \frac{\dfrac{L \cdot \mathrm{d}D}{L^2} - \dfrac{D \cdot \mathrm{d}L}{L^2}}{\mathrm{d}t} = \frac{\dot{D}}{L} - d \cdot \frac{\dot{L}}{L} \tag{3.12}$$

由式（3.6）、式（3.11）和式（3.12）得到式（3.13）：

$$\dot{d} = \frac{\dot{D}}{L} - nd \tag{3.13}$$

将式（3.10）和式（3.13）代入式（3.7），有：

$$(\dot{k} - nk) + (\dot{d} - nd) = s \cdot f(k, d) - \delta_K \cdot k - \delta_D \cdot d \tag{3.14}$$

进一步地，由式（3.14）可以推导得到式（3.15）：

$$\dot{k} + \dot{d} = s \cdot f(k, d) - (n + \delta_K) \cdot k - (n + \delta_D) \cdot d \tag{3.15}$$

上式为扩展后的新古典经济增长模型的微分方程。该函数反映将数据要素引入柯布—道格拉斯生产模型中，人均资本存量和人均数据要素存量的变化会受生产函数形式（F）、储蓄率（s）、劳动力增长率（n）、资本存量的折旧率（δ_K）、数据要素存量的折旧率（δ_D）、人均资本存量（k）和人均数据要素存量（d）等因素影响。当一个经济体趋于稳态时，人均资本存量和人均数据要素存量将保持在一个相对稳定的水平，即物质资本和数据资本的变化率将趋于0，进而得到该经济系统下的稳态方程，见式（3.16）。

$$s \cdot f(k^*, d^*) = (n + \delta_K) \cdot k^* + (n + \delta_D) \cdot d^* \tag{3.16}$$

进一步地，假设物质资本的折旧率等于数据要素的折旧率（$\delta_D = \delta_K$），则存在不考虑数据要素投入下经济系统稳态的人均资本存量等于考虑数据要素投入下经济系统稳态的人均资本存量和人均数据要素存量之和。即：

$$k^{**} = k^* + d^* \tag{3.17}$$

上式中，k^{**} 为不考虑数据要素投入下传统经济稳态下的人均资本存量。然而，由式（3.4）可知，数据要素的折旧率要远小于物质资本的折旧率。由新古典经济增长理论可知，在其他生产要素投入不变的情况下，当其中个别生产要素投入量增加时，必然会带来总产出的提高。即：

$$f(k^{**}) < f(k^*, d^*) \qquad (3.18)$$

上式中，左右两端分别表示不同生产形式下的经济稳态产出水平。由传统的经济生产模型可知，经济总产出主要受两方面因素的影响，一是生产要素的投入数量，二是技术水平，即全要素生产率提升。前者主要影响经济产出的增长速度，而后者主要决定经济产出的增长质量。在数字经济时代，数据要素投入对经济产出的贡献主要体现在以下两个方面：首先，数据要素投入将直接提升经济体的总产出水平，不同于物质资本较高的折旧率，数据要素极低的折旧率使之可以被企业广泛重复使用。此外，数据要素的生产速度和规模要远远大于物质资本投入，因而数据要素投入将成为未来一段时间我国经济增长最重要的生产要素之一，这是数据要素"资本"属性的重要体现。其次，在传统的经济增长模型中，全要素生产率提升主要依赖于科技创新水平、市场环境、政府治理能力提升等方面，而在数字经济时代，数据要素与实体经济的融合将显著驱动科技创新水平提升，丰富海量的数据为经济市场的高效运行提供了更大的可能，数字技术的快速发展则有助于提升政府的数字化治理能力。因此，数据要素通过数字技术参与生产过程将能够进一步促进经济体的全要素生产率提升，推动地区经济高质量发展，这是数据要素"技术"属性的重要体现。此外，在传统的生产模型中，当一个经济体的单位有效劳动的资本水平低于其稳态水平时，物质资本投入将单调递增，直到新增加的资本投入和资本折旧达到均衡时，经济系统达到稳态水平，但是在扩展的经济生产模型中，数据要素极低的折旧率将显著提高经济系统的稳态水平，赋予经济可持续发展的内生动力。

3.2 数字经济推动城市经济高质量发展的 理论内涵

高质量发展是一种集约型的经济发展方式。该模式意味着在生产要素投入一定的情况下，通过生产要素的高效配置以实现更高的经济产出，能够更好地满足人民群众的多元化需求，并且造成的环境成本更低，是一种经济可持续发展的经济形态。城市经济高质量发展具体表现为城市内部以及城市之间生产要素的合理配置、生产部门之间的高效协作、满足人民群众的合理需求、按照经济发展规律的内在要求实现经济效益、社会效益、生态效益、福利效益等多维度的可持续发展状态。党的十八届五中全会提出了创新、协调、绿色、开放、共享的新发展理念，是引领经济高质量发展的集中体现。在此基础上，本节将系统探究数字经济对城市经济高质量发展五大维度的影响，构建数字经济影响城市经济高质量发展的理论分析框架。

3.2.1 数字经济推动城市创新能力提升

经济社会的可持续发展离不开科技创新，推动创新能力提升是实现经济高质量发展的重要依托。党的二十大指出，要"加快实施一批具有战略性全局性前瞻性的国家重大科技项目，增强自主创新能力"，着重强调了科技创新在经济社会发展中的重要意义。城市经济高质量发展必须摒弃传统高速增长阶段对廉价劳动力和物质资本投入等经济增长方式的过度依赖，推动经济增长方式由投资驱动型转向创新驱动型。提高创新能力不仅能够打破城市经济发展中生产要素和生态环境的约束，提高资源配置效率，还能够增强城市经济发展活力，挖掘新的经济增长点。只有不断提高科技创新在经济发展中的贡献，才能够更好地推动经济高质量发展。创新能力提升是城市经济高质量发展的基础。

纵观历史发展长河，任何一次经济形态的变革都是一种创新与突破，因此数字经济本身也是一种创新经济，其发展过程必将引领生产方式、组织管理模式以及资源配置方式的深度变革。首先，相较于工业时代的创新过程，数字经济生产过程中的数字化与智能化促使劳动力、土地等传统生产要素的地位相对下降，而技术、数据以及信息将成为影响科技创新的核心生产要素。其次，数字技术能够突破跨地区和跨部门创新协作的时空限制，驱动要素资源进入了以自由流动为特征的开放型创新时代，通过协调企业、高校和科研机构等多元创新主体与创新资源的动态匹配，为创新活动的开展提供了新机遇。具体而言，数字经济驱动城市创新能力提升的理论逻辑，主要体现在以下几个方面：

从宏观视角来看。一方面，作为一种新经济形态，数字经济与技术创新的高度耦合性有利于推动多元创新主体之间的数字化关联，打破在线与离线世界的创新"藩篱"，加快创新活动的数字化进程以推动地区技术创新变革（曹玉娟，2019）[137]；另一方面，随着信息通信技术的普及与应用，数字技术能够提高劳动者技能，促进劳动生产效率的提高。这一过程能够在普遍范围内推动技术市场发展以及加速城市化进程，使得地区创新开发能力和创新转换能力得到显著提升（Brynjolfsson & Hitt，2000；惠宁和白思，2021；金环和于立宏，2021）[138-140]。

从微观视角来看。第一，随着人工智能和大数据分析技术的广泛应用，信息数据的搜集和分析能力的不断提升，信息资源的整合效率得到了极大提高，有利于决策者的决策路径可视化，从而协助企业新产品研发以扩大产业创新效应（Zhang et al.，2018）[141]例如，借助企业公众号、智能 APP 等小程序，企业可以吸引消费者参与产品的设计研发，从而能够激励企业制造更多的个性化与多元化产品以满足不同的消费者偏好需求，通过丰富市场上的产品种类扩大消费者的选择空间，这一过程不仅能够避免产品同质化带来的客户流失与市场份额缩减，还能够提高企业生产决策的科学性，增强企业专有技术的创新意识与能力。第二，数字经济加快了企业的数字化转型，通过降低企业经营成本，激励企业将更多的资源用于产品的创新研发，赋予企业更多的创新机遇（刘启雷等，2022）。[142]一方面，在企业生产过程中，机器人、智能设备以及智能信息管理系统的使用能够加强企业对生产过程的实时监控，不仅有助于降低产品的次品率以提高产品质量，还能够降低企业生产成本；另一方面，在企业销售过程中，借助互联网平台，生产者与消费者可以进行动态匹配以提高销售能力，降低产品库存和积压，同样有助于企业释放更多的资源用于新产品的创新研发。第三，5G技术、大数据分析以及物联网等数字技术的广泛应用，不仅推动了数字平台、在线经济等新业态的快速发展，还催生了诸如智能化控制技术、智能装备以及智能驾驶等新兴科技企业的诞生与发展，这成为引领科技创新的中坚力量。此外，数字经济的发展能够提高创新主体对知识产权的保护意识，推动相关政府部门完善知识产权保障的法律法规，加大技术原创的保护力度，进而有效激发科技人员进行研发创新并将创新成果应用到商业市场中的积极性，最终有助于促进城市创新能力的提升（吴赢和张翼，2021）[143]。

综合而言，在数字经济时代，数字技术和数据要素成为新的生产资料，随着生产资料的数字化，传统的创新模式、商业模式、产业运行模式都发生了深刻变革，一大批数字产品、新兴科技企业涌现出来，数字政府、数字金融、平台经济等新兴领域蓬勃发展，进一步推进了科技创新成果的转化与扩散，引领生活生产领域的变革，推动经济高质量发展。

3.2.2 数字经济提高了城市经济协调发展能力

当前，我国地区经济发展的空间分布结构发生了深度变革，尤其是区域发展不协调和城乡发展不均衡成为制约人民群众享受美好生活需要的重要因素。区域经济发展不协调主要表现为东部与中西部以及东北地区在资源禀赋和经济发展基础方面存在较大差距。尽管中西部地区经济增长速度较快，但由于经济体量相对较小，在总量层面与东部地区仍存在一定差距；而东北地区无论是经济总量，还是经济增长速度都陷入了缓慢发展的困境，最终使得东北地区与东部地区的经济发展差距不仅没有弥合，反而"愈演愈烈"。城乡发展不均衡是指由于城乡"二元"结构带来的城乡经济发展失衡，主要体现在公共基础设施建设、知识和信息的获取、物质条件禀赋以及精神文明建设等方面存在较大差异（任保平和李禹墨，2018）。[144]因此，有必要不断增强经济发展的整体性与协调性，通过调整产业结构、要素配置结构以及区域结构等经济结构之间的关系，推动经济发展方式实现由总量扩张向结构优化的转变，促进城市经济高质量发展（邓慧慧等，2022）。[145]数字经济推动经济协调发展的理论逻辑主要体现在以下几个方面：

基于宏观视角。其一，数字经济能够通过提高要素配置效率以推动经济协调发展能力提升。长期以来，由于我国要素市场改革进程相对缓慢，在地区市场分割以及当地政府服务于本地经济而忽视全局经济效率的背景下，使得生产资料在全域系统上难以实现有效配置，最终导致生产资料存在供求脱节现象（白俊红和刘宇英，2018）。[146]在数字经济时代，数字技术与传统物流系统的融合能够增强物流、信息流以及资本流等生产资料跨地区流动的速度和配置效率，有效突破传统的地区边界和市场分割困境，进而降低城市之间内外互联的交易成本，拓宽了要素配置的边界范围（荆文君和孙宝文，2019；黄群慧等，2019）。[24][147]随着生产资料在更大范围内的流动与配置，地区之间经济活动联系的广度和深度逐渐加强，进而能够通过要素配置结构的优化推动经济协调能力提升。其二，数字技术与传统产业的融合催生了以互联网平台为核心的产业组织模式，借助于开放和强大的互联网平台，数字技术能够将各种生产要素分布到全产业链"网络神经"的末端，推动产业组织模式由产业链条式向网络协同式转变，这一过程对原有的产业结构和组织模式产生了突破式颠覆，通过产业结构优化推动经济协调发展能力提升。

基于微观视角。第一，数字技术的应用能够打通企业生产、流通以及交易等各个环节，提高产业链与供应链的资源配置效率，推动跨地区和跨部门的要素市场构建和市场交易，进而能够有效降低生产资料的低效错配，推动生产资料在产业链之间跨部门配置效率的提升。第二，数字经济通过催生新业态和新模式有助于推动城乡一体化发展。例如，网络直播等新经济模式不仅能够拉近生产者与消费者的空间距离，还能够孕育更多的创业者，尤其是对农村居民而言，通过互联网直播软件可以将本地特色农产品销售出去，这一行为能够增加包括农村居民在内的个体创业者的收入来源，有助于降低城乡居民收入差距，推动城乡经济协调发展。第三，数字技术通过加速传统产业的数字化转型，深化了产业的价值链分工，进而能够强化企业内部的专门性演化与企业之间的协作生产。生产部门的专门性演化能够强化部门自身的竞争优势，而企业之间的协作生产能够提高资源配置效率，最大限度地发挥各个生产部门的优势，通过对各部门优势资源的整合，推动经济结构优化和经济效益的跃升（周泽红和郭劲廷，2022）。[148]

综合而言，在数字经济时代，生产资料跨地区和跨部门流动速度和配置效率得到了明显提升，从而能够增强地区之间和产业部门之间的交流与合作，通过优化产业结构、要素配置结构以及区域经济结构为促进经济协调发展注入了动力。

3.2.3 数字经济驱动城市绿色高效发展

绿色高效是经济高质量发展的一个重要体现。改革开放四十多年来，我国的经济社会发展取得了巨大的进步，然而在高速增长阶段实施的要素资源高投入的经济增长方式不仅可能造成环境污染，还可能导致资源的严重浪费。2022 年 9 月 22 日第七十五届联合国大会，中国政府提出"中国将提高自主贡献力度，采取更加有力的政策和措施，二氧化碳排放力争于 2030 年前达到峰值，努力争取 2060 年前实现碳中和"。这标志着在新发展阶段，要想实现经济高质量发展，必须推进绿色发展理念，加大环境治理力度，着力推动生态文明建设取得更高的发展水平。推动绿色高效发展不仅能够满足人民群众的粮食安全，还能够创造出更美好的生态环境，满足人民群众对蓝天碧水的期盼。数字经济驱动城市绿色高效发展的理论逻辑主要体现在以下几个方面：

数字经济能够推动经济高效发展。第一，传统的经济发展模式对能源、资本等要素资源投入的依赖程度较高，作为一种新经济形态，数字技术的发展能够扩展企业生产的可能性边界，改变了传统模式下规模经济、范围经济、长尾效应下的约束，在提高企业生产效率的同时，显著降低经济发展过程中对资源环境要素的过度依赖（邓荣荣和张翱祥，2022）。[149]第二，数字技术的发展使得传统面对面交流的模式逐渐弱化，移动互联网等新一代信息通信技术商业化应用程度的加深，提高了经济主体之间的经济联系，通过精准匹配交易双方的供给和需求信息，简化了交易流程，降低了交易费用，有利于提高要素资源的利用率，推动形成高效循环的经济系统（王艳华等，2019；魏丽莉和侯宇琦，2021；刘维林和王艺斌，2022）。[150-152]第三，数字经济与传统产业的融合催生了商业发展新业态和新模式，导致了新产业的诞生，而这些新产业通常具有低污染与低能耗的优势，能够加快高污染与高耗能产业的淘汰，促进了战略性新兴产业的快速成长（裴长洪等，2018；刘鹏程和刘杰，2020）[153-154]，有效推动了地区经济高效发展。

数字经济能够推动经济绿色发展。一方面，数字技术的发展能够提高政府监管能力，促进城市绿色发展。例如，借助大数据、云计算以及遥感技术的应用，气象部门可以实现对空气质量、河流水质、生态环境的实时监测（Hampton et al.，2013；Shin & Choi，2015）[155-156]，从而根据监测数据可以进行及时的管控。另一方面，信息通信技术的发展变革了传统的信息传播途径，使得信息流动速度和传播范围得到了明显提升（张明新和刘伟，2014）[157]，而信息传播效率的提升能够提高国民对高污染事件的关注程度，通过舆论监督促使政府和企业加大对生态环境的治理力度（解春艳等，2017）。[158]

综合而言，数字经济不仅能够通过提高资源利用率，降低企业对资源环境要素的过度依赖，还能够提高政府监管能力与公众参与度，推动城市绿色高效发展。

3.2.4 数字经济提高了城市对外开放水平

开放发展是促进城市经济高质量发展的重要驱动力，对外开放是中国的基本国策。当前，俄乌冲突以及中美贸易摩擦对中国的进出口贸易环境造成了一定的不确定性冲击，但是全球化、多极化以及信息化仍是世界的主流趋势。世界各国只有求同存异、精诚合作才有可能实现经济的繁荣与发展。拥有先进技术和管理经验的外商投资不仅能够解决城市经济发展过程中面临的资金短缺问题，也是城市学习先进技术和经验，优化资源配置效率，提升城市核心竞争力的重要渠道。在此意义上，要想实现经济高质量发展，有必要在更大范围内扩大对外开放水平，进一步提高对外开放的程度和质量，推动城市对外开放发展新格局。数字经济赋能城市开放发展的理论逻辑主要体现在以下几个方面：

一方面，数字经济的发展有助于吸引外商直接投资。首先，由经典的区位理论可知，跨国企业更偏向于在贸易成本较低的地区进行投资，数字技术的应用不仅能够降低企业信息搜集、处理、分析的成本，还能够借助互联网等数字平台推动厂商之间、厂商与消费者之间交易成本得到明显下降，即数字经济的规模经济优势能够降低企业运营的可变成本，因此数字经济的快速发展能够有效吸引外商投资。其次，智能翻译软件、语音软件等APP小程序的应用显著降低了跨国企业由于制度、文化习俗、语言等方面的障碍，加快了外资企业与本土企业的融合，提高了跨国企业对本地经济市场的熟悉程度，增强了其寻找到合作伙伴的可能性（高敬峰和王彬，2020）。[159]再次，数字金融有效弥补了传统金融服务不足的问题，扩展了金融服务的广度与深度，呈现出高效率、低成本、全方位等普惠性与包容性优势。数字金融通过突破传统金融市场的时空限制能够有效推动本地金融市场高效发展。发达的金融市场能够有效低跨国企业在投资过程中可能产生的金融摩擦，提高外部融资的可能性，同样有助于吸引外商直接投资流入（吕朝凤和黄梅波，2018）。[160]与此同时，互联网等信息通信技术的发展在很大程度上消除了经济系统内部的信息不完全性，使得要素市场更为公开透明，信息数据的可获得性增强。跨国企业同样偏向于投资市场化程度更高的地区（胡志强等，2018）。[161]另一方面，数字经济的发展能够优化外商投资结构。数字经济通过促进制造业企业的结构优化进而推动制造业企业的价值链攀升（石喜爱等，2018）。[162]制造业的规模和结构通常能反映一个地区生产性服务业的发展水平。数字经济通过推动制造业的智能化与数字化转型，加速了中低端外资企业的退出，激励跨国投资向高端制造业集聚，为优化外商投资结构、推动本地产业结构转型升级注入了强劲动能。因此，数字经济通过实现高水平的对外开放能够推动城市经济高质量发展。

综合而言，数字经济的发展不仅能够吸引外商直接投资，还能够优化外商投资结构，倒逼本地产业结构转型升级，即数字经济能够从"数量"与"质量"两个方面推动城市对外开放水平提升。

3.2.5　数字经济提高了居民福利共享水平

共享发展是城市经济高质量发展的重要表现形式之一。共享发展主要解决城市经济发展过程中的公平正义问题，其本质是以人民为中心，以实现共同富裕为最终目标。当前，我国城市发展不仅面临着收入分配存在一定差距的问题，同时也面临着人民群众在教育、医疗、保险以及就业等公共服务上的差距。这些问题如果不能得到有效解决，不仅会抑制经济效率的提升，还会对社会的稳定团结造成负面影响。习近平总书记强调"我国社会主要矛盾已经转化为人民日益增长的美好生活需要和不平衡不充分的发展之间的矛盾"。深入推进福利共享水平提升是实现经济高质量发展的重要依托。作为一种新资源配置方式和发展理念延伸而来的新经济形态，数字经济的发展能够将全社会的资源充分利用起来，尤其是将城市和乡村中的闲散资源利用起来，推动城乡资源的优化与整合，通过共享模式激发新经济形态的建立。数字经济提高居民福利共享水平的理论逻辑主要体现在以下几个方面：

第一，在数字经济发展过程中，数字平台的兴起将更全面地、更深入地覆盖我国各地区各阶层的人口，促使包括农村居民在内的全体人民参与数字经济发展，以孕育更多的创新创业行为，促使全社会共享数字经济发展成果，推动产品价值的实现和财富积累，增进发展的共享程度。第二，数据要素是一种低成本复制性、高渗透性的生产要素，具有公共产品的天然属性。借助互联网等信息通信技术的发展，数字经济显著提高了知识技术和信息数据的共享程度。例如，数字金融、线上教育、在线医疗等相关智能小程序的使用能够促使落后地区的群众共享高质量的教育、医疗保障等福利。第三，数字经济提高了政府数字化服务和治理能力。数字技术改变了经济主体的交流方式，使得交流与沟通更加便捷高效，推进了组织内部交流模式的变革。数字经济背景下政府治理呈现出智能化、即时性、高效性等特征。借助人工智能、物联网以及大数据分析等数字技术，政府相关部门可以通过对海量的数据进行归纳、整理、分析和汇总以推动政府治理向精细化转变，从而使得全体人民能够共享数字经济发展带来的便捷与高效，赋予全体人民群众共享高质量公共服务的平台与机会。

综合而言，数字经济将极大提高城乡资源的利用效率，帮助农村居民在内的广大人民群众共享数字技术发展带来的创新创业机会，与此同时，政府数字化服务与治理能力的提高也将进一步提高人民群众共享高水平医疗、教育等公共服务的可能性，最终有助于提高居民福利共享水平。

3.3　数字经济赋能城市经济高质量发展"后发优势"的理论分析

当前，我国正处于由消费互联网时代向产业互联网时代快速演进的深度变革期，数字技术的发展彻底改变了传统的通信和知识传播方式，而数据要素呈现出的非竞争性、低成本复制性、正外部性以及虚拟性等技术经济特征为推动落后城市向发达城市的经济追赶提供了一定机遇。"后发优势"是指落后地区通过对发达地区的学习与模仿，可以获得更快的发展速度。相较于落后城市，发达城市的经济高质量发展水平较高，增长空间相对有限，而落后城市本身的经济高质量发展水平较低，增长空间较大。基于此，本节进一步从数字经济发展释放的规模效应、融合替代效应、资源配置效应以及知识外溢效应四个方面探讨数字经济能否驱动落后城市发挥"后发优势"，进而实现向发达城市的经济高质量发展追赶。

3.3.1　数字经济的规模效应

数字经济发展带来的规模效应，创造出了新的经济增长点，有助于提高居民生活水平，缓解经济欠发达地区由于基础条件相对落后导致的经济高质量发展迟缓。在数字经济时代，万物皆可数字化，个体、企业与政府部门都会产生大量的数据，这些丰富海量的数据为提高落后地区的经济效率，促进经济高质量发展提供了要素基础和技术支撑，为推动落后地区实现向发达地区的经济高质量发展追赶提供了更大的可能。

从微观视角而言，数字经济颠覆了传统企业由成本、价格和数量决定的盈利模式，将范围经济和规模经济相结合，扩大了市场规模，而市场规模的扩大能够进一步促使生产规模的扩大，从而改变了企业单一的盈利模式，使之形成了多元化的盈利模式。而数字技术的长尾效应能够进一步促进落后地区处于产业分布形态尾部的企业积极融入国内外市场，在获得市场需求的同时，有利于学习发达地区企业的先进技术与管理经验，从而为推动落后地区企业的经济效率提升孕育了更多的可能。此外，移动互联网等数字技术的快速发展孕育了更多的创业者，尤其是对农村居民而言，通过互联网直播软件可以将特色农产品、手工艺制品销售出去，增加了包括农村居民在内的个体创业者的收入来源，有助于降低城乡居民收入差距，提高落后地区的居民生活水平。

从宏观视角而言，数据要素的非竞争性、低成本复制性使得数据要素可以在同一时间供给多个生产部门使用，促使其价值创造能力在宏观层面实现倍增（蔡跃洲和马文君，2021）。[30]这一过程对于基础条件相对落后地区的产业经济效率提升具有更强的驱动力，有助于推动落后地区经济发展质量的快速增长。具体而言，在工业经济时代，落后地区由于自然条件，交通基础条件相对滞后，导致劳动力、信息等生产要素流通不畅，难以有效融入国内经济大循环当中，致使人口外流、产业结构下降，经济发展缓慢。而在数字经济时代，数字技术的发展通过对农业、制造业等传统产业的数字化与智能化变革为落后地区提供了产业结构优化示范效应，借助于精准高效的信息网络和数字平台的广泛应用，能够将落后地区的资源比较优势和特色产品在更大的市场规模中实现产业价值链与产品附加值的跃升（李实，2021；李正图，2021）[163 - 164]，进而有助于推动落后地区的产业结构优化，提高落后地区经济高质量发展的增长速度，驱动落后地区充分发挥"后发优势"效应。

3.3.2 数字经济的融合替代效应

数字经济发展带来的融合替代效应提高了传统生产要素的使用价值，增强了经济可持续发展动力，有助于推动落后地区经济结构的持续优化。由新古典经济增长理论可知，劳动力和土地等传统生产要素具有边际收益递减规律，而数字经济赋能实体经济的关键就在于发挥数据要素与其他传统生产要素的融合替代。这一过程不仅可以有效提高传统生产要素的使用价值，还能够充分释放数据要素的使用价值（宋洋，2019）[165]，通过打破地区间的资源禀赋差异，提高生产要素在地区之间的协同配置效率以促进落后地区的经济高质量发展。具体而言，数字经济释放的融合替代效应对落后地区发挥"后发优势"的理论逻辑在于：

一方面，对落后地区而言，劳动力、资本等传统生产要素的投入数量和使用效率相对较低，数据要素通过与其他传统生产要素的融合与替代，对提高落后地区的要素使用价值具有积极影响。例如，数据要素与资本要素的融合能够加快投资决策智能化以提高资本配置效率，数据要素与技术要素的融合则能够显著驱动创新和技术进步，数据要素与金融市场融合能够有效弥补传统金融服务不足的问题，扩展了金融服务的广度与深度，呈现出高效率、低成本、全方位等普惠性与包容性优势，这一过程赋予了落后地区吸引国内外投资更大的可能性，从而有助于提升落后地区的经济高质量发展水平。此外，数据要素与第一、第二产业的快速融合，使得三大产业之间的界限逐渐模糊，推动产业由相对独立走向更好地融合，产生的放大效应能够推动落后地区实现规模报酬递增（或规模报酬非递减）。另一方面，数字经济还能够缓解落后地区生产要素投入相对不足的问题，通过对传统生产要素的替代推动经济高质量发展。根据摩尔定律，随着大数据分析、5G 技术、人工智能等数字技术商业化应用程度的提高，信息通信产品的价格会不断下降，赋予了落后地区生产者使用数字技术参与生产、经营和管理的可能性。数字技术的应用不仅能够有效缓解落后地区由于人力资本短缺引致的技术受阻和产出制约，还能够有效代替低端劳动力要素（Frey & Osborne，2017）[166]，这一过程对提高企业的智能化水平，优化产业结构，推动落后地区劳动生产效率的提升具有积极作用，最终有助于缩小由生产要素投入差异带来的经济发展质量差距。

3.3.3　数字经济的资源配置效应

数字经济优化了资源配置方式，提高了规划和决策的科学性，推动了落后地区经济效率和绿色发展水平的跃升。具体而言，数字经济释放的资源配置效应对驱动落后城市实现向发达城市经济高质量发展追赶的理论逻辑在于以下几个方面：

基于微观视角。数字经济通过优化资源配置方式能够显著提高落后地区的全要素生产率提升。通常来说，落后地区的企业由于高科技人才和先进管理经验的匮乏使得企业的全要素生产率相对较低，而智能管理系统、大数据分析等数字技术的应用通过加快企业的数字化转型不仅能够提高企业组织效率，还能够降低企业生产成本，提高企业创新能动性，促使企业的全要素生产率提升，这一过程尤其是对落后地区企业的全要素生产率提升具有积极作用。例如，银行、金融公司等信贷机构利用大数据分析可以很好地预测企业价值，这不仅能够降低金融机构由于信息不对称造成的信贷风险承担，还能够最大限度地提高落后地区的金融资源配置效率，降低企业融资成本，赋予企业高效发展更大的可能性。

基于宏观视角。其一，数字经济的发展能够不断模糊各地区的地理边界和产业边界，推动生产要素、技术服务的跨区域流动。此外，生产端与消费端可以在互联网平台进行动态匹配，厂商不需要从材料原产地进行采购，也不需要面对面与消费者进行交易。因此数字经济的发展能够显著增强地区经济联系，降低地理距离在产业分工中的作用，推动地区产业分工更加均衡，而产业分工布局的均衡有助于推动落后地区产业结构优化，对落后地区的经济高质量发展水平提升具有积极影响。其二，数字经济能够加快地区生产方式转变，推动城市新旧动能转换，提高城市之间的协同发展能力（Lendle et al.，2016）。[167]对落后地区而言，数字技术的广泛应用有利于提高产业价值链和产品附加值，使得落后地区的产品和服务能够在更广的范围内得到推广和应用，进而有助于提高落后地区的经济高质量发展水平。其三，以数据收集、挖掘和分析为核心的新业态、新模式不断涌现，能够减少由于信息不对称产生的市场失灵，弱化由于市场分割导致的资源错配。此外，借助于数字平台的统一调配，落后地区的闲置资源还能够被充分利用。相较于发达地区，落后地区面临的信息不对称、市场分割问题更为严重，数字经济通过变革生产资料的配置方式，提高跨地区、跨部门的配置效率，为经济欠发达地区的经济高质量发展提供了动力支撑。

3.3.4　数字经济的知识外溢效应

早在 20 世纪 90 年代，理查德（Richard，1992）[168]和凯恩克罗斯（Cairncross，1997）[169]等经济学家就开始探讨由信息通信技术与数字经济发展带来的"地理学终结"与"距离死亡"。数字经济具有的高渗透性、正外部性以及规模效应的网络化结构为要素流动、集聚与应用创造了更为便利的条件（马中东和宁朝山，2020）[170]，这一过程能够提高要素空间的关联程度，促进跨地区的交流与合作，产生了空间外溢效应。与此同时，数字技术的应用不仅能够加速信息的传播速度，还能够显著降低获取信息的成本（罗珉和李亮宇，2015；郭家堂和骆品亮，2016）[171-172]。当数字经济发展到一定规模时，便会产生网络溢出的边际效应递增趋势（Lin et al.，2017）[173]，有助于优化城市空间分布结构，提高要素资源的空间流动效率。

对落后地区而言，对发达地区先进技术的模仿与追赶是缩小经济发展差距的重要途径之一，而数字技术的高渗透性通过减少地理排斥，使得知识和信息等数据要素更接近于全球公共产品这一概念（斯蒂格利茨，1999）[174]，为缩小地区间的科技创新能力差距提供了潜在的可能。一方面，数字技术与实体经济的融合有助于将先进的技术渗透到经济社会领域的各个部门，提高各生产部门的创新效率，这一过程尤其对落后地区的科技创新能力提升具有积极意义。另一方面，数字技术的出现及快速发展进一步推动了知识技术民主化，降低了信息数据的地理排斥，优化了全球范围内的信息数据获取途径，加速了知识和技术在更广范围内的传播，极大地提高了落后地区获取知识和技术的便捷性。此外，数字经济的知识外溢效应不仅能够有效缓解落后地区创新要素的低效错配，还能够为落后地区的科技创新能力提升提供要素支撑。由前文的理论分析可知，创新能力提升是促进经济高质量发展的核心动力，数字经济通过促进知识和技术等创新要素的传播，有利于推动落后地区的科技创新能力提升和经济高质量发展，为落后地区发挥"后发优势"提供了动力源泉。

3.4　本章小结

本章是理论分析部分，为后续的实证检验奠定基础。具体而言，本章第 1 节将数据要素作为一种新的独立生产要素纳入新古典经济增长模型中，结果表明，数据要素的投入不仅能够直接提升经济体的总产出水平，还能够促进经济体的全要素生产率提升，数据要素是数字经济时代影响经济增长的重要生产要素之一。本章第 2 节从城市经济高质量发展的内涵出发，系统阐述了数字经济对提高城市科技创新能力、经济协调发展能力、绿色高效水平、对外开放水平以及居民福利共享水平的影响效应，探索性构建了数字经济影响城市经济高质量发展的理论框架。本章第 3 节从数字经济发展释放的规模效应、融合替代效应、资源配置效应以及知识外溢效应四个视角探讨了数字经济驱动落后城市实现向发达城市经济高质量发展追赶的理论逻辑。理论分析表明，数字经济有助于落后城市发挥"后发优势"，进而为实现向发达城市的经济高质量发展追赶提供了一定的可能性。

综合而言，数字经济并不会改变经济社会运行的本质，但数字技术和数据要素与工业、农业、金融业、制造业等产业融合，变革了现有的生产技术、生产流程，催生了新业态、新模式和新产业，提高了产品和服务价值，推动了经济社会生产、交换、分配和消费等环节的效率提升，是促进落后地区向发达地区实现技术吸收、模仿与追赶的催化剂。一个国家或地区的数据资源规模、数据资源的生成能力以及转换为生产力的能力，将成为影响这个国家或地区能否实现经济高质量发展的重要因素。

第4章

指标构建与特征事实描述

本章首先基于数字经济的核心特征以及城市经济高质量发展的内在要求，构建了城市层面多维数字经济和经济高质量发展综合评价指标体系，并利用主成分分析法降维计算得到了中国274座城市的数字经济发展指数值和经济高质量发展指数值，以反映城市数字经济和经济高质量发展水平。其次，使用传统的统计方法和探索性空间数据分析技术对中国城市层面数字经济和经济高质量发展水平的时空变动趋势及内部竞争力结构进行了考察，为后续的实证研究奠定了数据基础。

4.1 指标体系构建

4.1.1 数字经济发展综合评价指标体系

由第2章的文献综述可知，当前关于数字经济规模的测算主要有两种方法：一是基于国民经济核算相关方法，通过筛选数字经济相关产品，构建数字经济核算框架，进而测算数字经济规模；二是利用能反映数字经济的相关指标构建综合评价体系的方法以衡量数字经济发展水平。已有文献采用国民经济核算的方法主要以国家为研究样本

（康铁祥，2008；Knickrehm，2016；许宪春和张美慧，2020）[25][27][2]，考虑到城市层面相关数据的可得性，本文采用构建综合评价指标体系的方法测度城市层面的数字经济发展水平。具体而言，从以下四个方面构建多维综合评价指标体系：

第一，数字基础设施。数字基础设施建设是发展数字经济的基础条件，本书分别使用移动互联网基础和宽带互联网基础两个指标进行测度。其中移动互联网基础选用每百人移动电话用户数进行衡量，宽带互联网基础选用每百人互联网宽带接入用户数进行表征。

第二，数字技术产出。数字技术产出是数字经济发展的核心要素，本书分别使用电信业务产出和数字技术企业两个分指标进行衡量。其中电信业务产出使用人均电信业务总量进行衡量，数字技术企业使用 ICT 上市企业数量进行表征。ICT 上市企业的数据主要来自 Wind 金融数据库，本书以 Wind 一级行业分类为标准，将电信服务和信息技术作为 ICT 行业，从而汇总了中国城市层面的 ICT 上市企业数量。

第三，数字创新能力。数字创新能力是数字经济发展的关键体现，本书分别使用数字创新产出和信息技术人才两个分指标进行衡量。其中数字创新产出使用数字经济相关专利数量进行衡量，信息技术人才使用计算机服务和软件从业人员与城镇单位从业人员的比值进行衡量。数字经济相关专利数来源于国家知识产权局专利检索网站，本书按照 IPC 国际专利分类号检索了信息存储、生物信息学、计算化学、化学信息学、计算材料科学、医疗保健信息学、物联网信息和通信技术以及其他未列入其他类目的信息和通信技术等专利申请数目作为数字经济相关专利数。

第四，数字金融发展。数字金融发展是数字经济发展的重要组成部分，本书从数字金融覆盖广度、使用深度和数字化程度三个视角出发，使用北京大学数字金融研究中心编制的数字普惠金融覆盖广度分指数、深度分指数以及数字化程度分指数进行表征（郭峰等，

2020）。[175]

表4-1列示了中国城市数字经济发展综合评价指标体系。

表4-1　　　　中国城市数字经济发展综合评价指标体系

一级指标	二级指标	公式	单位及矢量方向
数字基础设施	移动互联网基础	每百人移动电话用户数	万户/百人（+）
	宽带互联网基础	每百人互联网宽带接入用户数	万户/百人（+）
数字技术产出	电信业务产出	人均电信业务总量	万元/人（+）
	数字技术企业	ICT上市企业数量	个（+）
数字创新能力	数字创新产出	数字经济相关专利数	个（+）
	信息技术人才	计算机服务和软件从业人员占城镇单位从业人员比重	%（+）
数字金融发展	覆盖广度	数字普惠金融覆盖广度指数	（+）
	使用深度	数字普惠金融使用深度指数	（+）
	数字化程度	数字普惠金融数字化程度指数	（+）

4.1.2　城市经济高质量发展综合评价指标体系

经济高质量发展具有丰富的理论内涵，其核心目标在于进一步满足人民群众对美好生活的需要，着重解决地区经济发展过程中存在的不平衡不充分问题，这对地区经济增长方式和转型路径有着全新的要求。根据第2章的文献综述可知，已有文献主要采用单一核心指标和构建综合评价指标体系两种方法测度经济高质量发展水平。考虑到经济高质量发展需要囊括经济社会领域的各个方面，使用单一核心指标测度无法全面衡量经济高质量发展水平，致使测度结果可能存在一定的局限性。基于此，本章以第3章第2节数字经济推动城市经济高质量发展的理论内涵为引领，同时基于我国城市层面数据的可得性，分别从创新能力、协调发展、绿色高效、对外开放以及福利共享五个维度出发，构建了中国城市经济高质量发展综合评价指标体系，共包含了 22 个基础指标（见表 4 - 2），具体的指标选择如下：

第一，创新能力维度。创新是引领发展的第一动力。创新能力表征为将知识转化为新产品、新工艺和新服务的能力（柳卸林和胡志坚，2002）。[176]基于此，本章从创新投入、创新产出以及创新潜力三个维度衡量城市创新能力。具体而言，使用科学技术支出与财政支出的比值衡量创新投入；使用单位 GDP 的发明专利授权数衡量创新产出；使用人力资本水平与创新创业能力这两个指标表征创新潜力，其中人力资本水平借鉴柯善咨和赵曜（2014）[177]的研究，使用高等学校在校学生数占城市年均人口的比重进行衡量，创新创业能力使用北京大学企业大数据中心编制的《中国区域创新创业指数》中的创新创业指数进行衡量。

第二，协调发展维度。协调发展是经济高质量发展的内在要求。本节从产业协调、金融结构以及城乡协调三个视角衡量经济协调发展程度。具体而言，使用产业结构高级化、产业结构合理化以及生产性服务业发展水平三个指标衡量产业协调能力，产业结构高级化借鉴周阳敏和王前前（2020）[178]的研究，使用式（4.1）进行测算；产业结构合理化借鉴干春晖等（2011）[179]的研究采用泰尔指数法进行衡量，具体的计算公式见式（4.2）；生产性服务业发展水平使用生产性服务业从业人员数量①与城镇单位从业人员数量的比值进行衡量；金融结构使用金融机构存贷款余额与 GDP 的比值进行衡量；城乡协调使用农村人均可支配收入与城市人均可支配收入的比值进行衡量。

$$Iss = \sum_{i=1}^{n} (Y_i/Y)(Y_i/L_i) \tag{4.1}$$

其中，Iss 表示产业结构高级化，Y_i 为第 i 产业的产出，Y 为地区生产总值，L_i 为第 i 产业的劳动力投入，本节研究三次产业，故 $n = 3$。

---

① 生产性服务业：本节选择交通仓储邮电业、金融业、租赁和商业服务业、计算机服务和软件业以及技术服务和地质勘查等作为生产性服务业。

Iss 是产业结构高级化的正向指标。

$$Ris = \sum_{i=1}^{n} (Y_i/Y) \ln [(Y_i/L_i)/(Y/L)] \qquad (4.2)$$

其中，Ris 表示产业结构合理化，L 为地区的总劳动力投入，其余变量的含义同式（4.1），Ris 是产业结构合理化的负向指标。

第三，绿色高效维度。习近平总书记强调"绿水青山就是金山银山"，只有坚持绿色发展，从根本上减少资源要素的使用与提高经济效率，才能够实现经济高质量发展。本节从污染排放和经济效率两个维度刻画绿色高效发展水平。具体而言，使用单位 GDP 废水排放量和单位 GDP 二氧化硫排放量这两个基础指标衡量城市污染排放，其中单位 GDP 废水排放量使用城市工业废水排放量与 GDP 的比值进行衡量，单位 GDP 二氧化硫排放量使用二氧化硫排放量与 GDP 的比值进行衡量；采用全要素生产率、第二产业劳动生产率和第三产业劳动生产率这三个基础指标衡量城市经济效率，其中全要素生产率使用 DEA – Malmquist 指数法进行测算，具体的计算公式见式（4.3）；第二产业劳动生产率和第三产业劳动生产率分别使用第二产业和第三产业的产值与各产业就业人数的比值进行衡量。

$$TFP_k = M_k(X^t, Y^t, X^{t+1}, Y^{t+1}) = \sqrt{\frac{E_k^t(X^{t+1}, Y^{t+1})}{E_k^t(X^t, Y^t)} \frac{E_k^{t+1}(X^{t+1}, Y^{t+1})}{E_k^{t+1}(X^t, X^{t+1})}}$$

$$(4.3)$$

其中，X^t，X^{t+1} 分别表示第 t 期和第 $t+1$ 期的生产要素投入向量，Y^t，Y^{t+1} 分别表示第 t 期和第 $t+1$ 期的产出向量，E（被评价单元）表示 DEA 模型得出的效率值。在计算过程中，产出变量以 2008 年为基期计算各城市的实际 GDP；投入变量为劳动投入和资本存量，劳动投入采用当年各城市年初与年末从业人员数的均值表示；资本存量的计算公式为 $K_t = I_t/P_t + (1-\delta)K_{t-1}$，$K_t$ 表示年末固定资产价值，I_t 表示固定资产投资额，P_t 表示固定资产投资价格指数，δ 表示折旧率，已有文献通常设定为 15% 左右，本节借鉴单豪杰（2008）[180]的研究，将折旧率设定为 10.96%，同时使用如下公式计算基期的年末固定资产价值，$K_0 = I_0 / (g + \delta)$，g 为考察期内固定资产投资额（I_t）的年均增长率。

第四，对外开放维度。实施对外开放是推动经济高质量发展的重要途径。本节使用外资利用能力和外资参与程度这两个指标表征对外开放水平。具体而言，使用外商实际直接投资额与 GDP 的比值衡量外资利用能力，使用外商直接投资合同数衡量外资参与程度。

第五，福利共享维度。更好地满足人民群众对美好生活的向往是经济高质量发展的核心目标。本节从公共服务和居民生活水平两个维度表征福利共享水平。具体而言，使用文化资源水平、医疗保障水平和教育水平这三个基础指标衡量公共服务，其中文化资源水平采用公共图书馆图书藏量与总人数的比值进行衡量，医疗保障水平采用医院床位数与总人数的比值进行衡量，教育水平使用教育支出与总人数的比值进行衡量。进一步地，使用就业水平、消费水平和收入水平这三个基础指标衡量居民生活水平，其中就业水平使用城镇登记失业人员数占城镇单位从业人员数以及登记失业人员数之和的比重进行衡量，消费水平采用社会消费品零售总额与总人数的比值进行衡量，收入水平使用居民人均可支配收入进行衡量。

表 4 - 2 列示了中国城市经济高质量发展综合评价指标体系。

表 4 - 2　　　　中国城市经济高质量发展综合评价指标体系

一级指标	二级指标	三级指标	公式	单位及矢量方向
创新能力	创新投入	研发基础投入	科学技术支出/财政支出	%（+）
	创新产出	科技创新产出	发明专利授权数量/GDP	件/万元（+）
	创新潜力	人力资本水平	普通高等学校在校生人数/总人数	%（+）
		创新创业能力	《中国区域创新创业指数》	（+）

一级指标	二级指标	三级指标	公式	单位及矢量方向
协调发展	产业协调	产业结构高级化	$Iss = \sum_{i=1}^{n} (Y_i/Y)(Y_i/L_i)$	%（+）
		产业结构合理化	泰尔指数	%（−）
		生产性服务业发展水平	生产性服务业从业人员/城镇单位从业人员	%（+）
	金融结构	金融发展水平	金融机构存贷款余额/GDP	%（+）
	城乡协调	城乡收入结构	农村人均可支配收入/城镇人均可支配收入	%（+）
绿色高效	污染排放	单位 GDP 工业废水排放量	工业废水排放量/GDP	万吨/亿元（−）
		单位 GDP 二氧化硫排放量	二氧化硫排放量/GDP	吨/万元（−）
	经济效率	全要素生产率	DEA – Malmquist 指数测算	（+）
		第二产业劳动生产率	第二产业劳动生产率（不变价）	万元/人（+）
		第三产业劳动生产率	第三产业劳动生产率（不变价）	万元/人（+）
对外开放	外资吸引	外资利用能力	外商直接投资额/GDP	%（+）
		外资参与程度	外商直接投资合同数	个（+）
福利共享	公共服务	文化资源水平	公共图书馆图书藏量/总人数	册/人（+）
		医疗保障水平	医院床位数/总人数	床/人（+）
		教育水平	教育支出/总人数	万元/人（+）
	居民生活水平	就业水平	城镇登记失业率	%（−）
		消费水平	社会消费品零售总额/总人数	万元/人（+）
		收入水平	居民人均可支配收入	%（+）

4.2　研究方法与数据来源

4.2.1　研究方法

当前，已有研究主要使用熵值法、层次分析法、相对指数法以及主成分分析法等定量方法测度综合评价指数，然而无论采用哪种方法都需要解决如下两个问题：一是评价体系中各指标的赋权问题，二是评价体系中各指标之间的相关性问题。其中，相对指数法和熵值法难以有效描述各项变量之间的相应关系，而层次分析法主要采用主观判断进行赋权，相较之下，主成分分析法通过计算相关系数矩阵或协方差矩阵中的特征值和特征根，按贡献率从 m 个原始指标中提取 n 个不相关的主成分以表征各指标之间的内在联系，能够有效避免主观赋权的问题（钞小静和任保平，2011）[181]，受到了学者们的广泛应用。例如，温珺等（2019）[33]、刘军等（2020）[35]、吴晓怡和张雅静（2020）[36]、赵涛等（2020）[37]、杨慧梅和江璐（2021）[39] 等使用主成分分析法测算了地区数字经济发展水平。主成分分析法的核心就是将多个变量指标由少数几个综合指标（主成分）进行表征，用这几个少数综合指标去解释原始数据中的大部分变量，因此主成分分析法是一种降维的方法。具体而言，主成分分析法的步骤如下：

第一步，构建数据矩阵。分别建立中国城市数字经济和经济高质量发展评价指标体系的数据表。假设有 N 个样本，本书一共使用了 274 个地级市的数据，即 $N=274$，P 个指标，在数字经济发展综合评价指标体系中 P 为 9，在经济高质量发展综合评价指标体系中 P 为 22，则随机变量 $X=(X_1,X_2,\cdots,X_P)^T$，需要融合的公因子为 $F=(F_1,F_2,\cdots,F_P)^T$。模型设定如下：

$$X_1 = a_{11}F_1 + a_{12}F_2 + \cdots + a_{1m}F_m + \varepsilon_1$$

$$X_2 = a_{21}F_1 + a_{22}F_2 + \cdots + a_{2m}F_m + \varepsilon_2$$

$$\cdots\cdots$$

$$X_P = a_{P1}F_1 + a_{P2}F_2 + \cdots + a_{Pm}F_m + \varepsilon_P \qquad (4.4)$$

其中，a_{ij} 为因子载荷，表示指标变量 X_i 和公因子 F_j 的相关系数，ε 为特殊因子，表示其他因素对二者相应关系的影响。

第二步，对中国城市数字经济发展和经济高质量发展评价指标体系中的基础数据进行同向化和标准化处理以消除量纲带来的影响。其中，同向化采用对逆向变量取倒数形式，而标准化的处理公式为：$Z_{ij} = (X_{ij} - \overline{X}_j)/\sigma_j$，$X_{ij}$ 为原始数据指标，Z_{ij} 为经标准化后的数据，$\overline{X}_j$ 为均值，σ_j 表示标准差。尔后对同向化和标准化后的数据进行偏相关 Kaiser – Meyer – Olkin（KMO）检验和 Bartlett 球形多元相关检验，得到 KMO 统计量的值分别为 0.804 和 0.822，而 Bartlett 球形检验的 P 值均为 0.000，表明数字经济发展综合评价指标体系中的 9 个指标和城市经济高质量发展综合评价指标体系中的 22 个指标之间存在较强的相关性，适合采用主成分分析法进行分析。

第三步，根据标准化后的矩阵计算协方差矩阵，在进行主成分分析时，既可以构建相关系数矩阵，也可以构建协方差矩阵。考虑到采用相关系数矩阵可能会夸大或低估不同指标之间的离散程度，而采用协方差矩阵不仅能够消除量纲的影响，还能够保留各指标在离散水平上的特性，因此本文使用协方差矩阵输入。具体的计算方法为：

$$R = \begin{pmatrix} cov(X_1, X_1) & cov(X_1, X_2) \cdots & cov(X_1, X_n) \\ \vdots & \vdots & \vdots & \ddots & \vdots \\ cov(X_n, X_1) & cov(X_n, X_2) \cdots & cov(X_n, X_n) \end{pmatrix} \qquad (4.5)$$

第四步，计算协方差矩阵的特征根和特征向量（令 $|R - \lambda E| = 0$），进一步计算特征根的方差贡献率和累计方差贡献率。其中，主成分方差贡献率的计算公式为：$\beta_i = \lambda_i / \sum_{i=1}^{m} \lambda_i$，前 k 个主成分的方差

累计贡献率为：$\theta_k = \sum\limits_{i=1}^{k} \lambda_i \bigg/ \sum\limits_{i=1}^{m} \lambda_i$。表 4 - 3 和表 4 - 4 分别报告了中国城市数字经济和经济高质量发展的主成分方差分解结果，根据主成分分析的特征值提取规则，应选取大于 1 的特征值作为主成分。可以看出，数字经济发展的主成分应提取 3 个，且累计方差贡献率达到 82.348%，而城市经济高质量发展的主成分应提取 6 个，其累计方差贡献率达到 75.455%，表明在数字经济发展综合评价指标体系中，这 3 个主成分提取了 9 个指标中 82.348% 的信息量，而在城市经济高质量发展综合评价指标体系中，这 6 个主成分提取了 22 个指标中 75.455% 的信息量。

表 4 - 3　　中国城市数字经济发展指标主成分方差分解分析结果

成分	特征值	方差贡献率（%）	累计方差贡献率（%）
Comp1	5.116	56.843	56.843
Comp2	1.266	14.069	70.912
Comp3	1.029	11.437	82.348

表 4 - 4　　中国城市经济高质量发展主成分方差分解分析结果

成分	特征值	方差贡献率（%）	累计方差贡献率（%）
Comp1	8.685	39.478	39.478
Comp2	2.499	11.357	50.835
Comp3	1.602	7.284	58.119
Comp4	1.414	6.425	64.544
Comp5	1.281	5.821	70.365
Comp6	1.118	5.080	75.455

第五步，分别采用每个主成分下各指标对应的系数乘上该主成分

的贡献率再除以主成分的累计贡献率，相加求和得到数字经济发展和城市经济高质量发展综合评价模型各指标的系数构成。进一步地，对综合评价模型中的系数进行归一化处理，可以得到数字经济指标体系和经济高质量发展指标体系中各二级指标对应的权重，由各二级指标的权重加权求和得到各一级指标的权重，最终得到中国城市层面的数字经济发展和经济高质量发展体系中各级指标相应的权重，确定权重后采用线性加权法计算 2009～2020 年中国 274 座城市的数字经济发展指数值和经济高质量发展指数值。

4.2.2　数据来源及处理

考虑到我国的数字经济主要是从 2008 年全球金融危机之后才开始快速发展的，且已有文献关于中国数字经济的定量研究主要使用 2010 年之后的数据。基于此，本节在参考已有文献的基础上，选取 2009～2020 年中国 274 座地级市以上城市的数据作为研究样本。本节指标体系中变量的数据主要来自《中国城市统计年鉴》，部分缺失的数据使用各省（自治区、直辖市）统计年鉴、各城市的国民经济和社会发展统计公报以及 Wind 数据库进行补齐。城市层面的数字金融指数采用北京大学数字金融研究中心编制的数字普惠金融指数。由于该报告中的数据时序为 2011～2020 年，缺失的数据使用线性插值法进行修正。数字经济的相关专利数主要来源于国家知识产权局专利检索网站。ICT 上市企业的数据来自 Wind 金融数据库。城市层面的创新创业能力使用北京大学企业大数据中心编制的《中国区域创新创业指数》中的创新创业指数进行表征。此外，本节中所有的价格变量均以 2008 年为基期进行平减以消除由价格因素带来的偏误，考虑到数据的可得性以及统计口径的一致性，西藏自治区、香港特别行政区、澳门特别行政区和台湾地区的数据未给予测算。

4.3　城市数字经济发展水平的特征事实描述

4.3.1　城市数字经济发展水平的整体趋势分析

附录 1 报告了 2009～2020 年中国各省份（自治区、直辖市）城市数字经济发展平均指数值。可以看出，我国城市数字经济发展水平整体上呈现出稳步上升趋势。从全国平均值来看，城市数字经济发展指数值从 2009 年的 0.186 上升至 2020 年的 0.962，增长了 4.172 倍。这说明 2008 年全球金融危机之后，我国城市的数字经济发展水平取得了重大的阶段性成果，有效推进了城市经济社会发展治理提升、效率提升和动力提升。从增长速度来看，2009～2020 年全国城市的数字经济发展指数年均增长率高达 16.06%，尤其是在 2012 年之后，数字经济发展水平呈现出加速趋势，说明中共十八大的召开有效推进了信息化、智能化领域的发展，开启了中国城市数字经济发展的新篇章。

从省域层面来看，我国各省份的数字经济发展存在明显的不平衡不充分现状。例如，2009 年贵州省的城市数字经济发展指数值仅为 0.108，位列 30 个省市的第 28 位；到了 2020 年贵州省的数字经济发展指数值为 0.747，位列 30 个省市第 21 位，上升 7 个位次，年均增长率 19.17%，位列全国第一梯队。而辽宁省 2009 年的数字经济发展指数值为 0.129，位列中国 30 个省市第 17 位；到了 2020 年辽宁省的城市数字经济发展指数值为 0.724，位列全国 30 个省市第 24 位，下降了 7 个位次。当然，值得注意的是部分省份由于城市数据缺失导致整体的平均值较高，例如青海省仅统计了西宁一个城市，新疆维吾尔自治区仅统计了乌鲁木齐和克拉玛依两个城市，海南省仅统计了海口和三亚两个城市，然而这并不能忽视部分省份在数字发展方面存在增速放缓的迹象。由此可见，我国城市数字经济发展之路并非一帆风顺，各地区都要紧跟时代步伐，推进数字经济各领域协同发展，否则极有可能出现"滑档掉队"的现象。

进一步地，本节根据《中共中央、国务院关于促进中部地区崛起的若干意见》《国务院关于西部大开发若干政策措施的实施意见》以及党的十六大报告，将全样本划分为东部、中部、西部以及东北四大经济区①，分别考察不同区域城市数字经济发展指数值的变动趋势（如图4-1所示）。

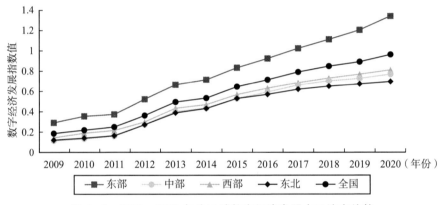

图4-1 2009~2020年分区域数字经济发展水平演变趋势

由图4-1可知，东部城市的数字经济发展水平要远高于中西部以及东北地区。在2009~2020年，中国城市数字经济发展平均指数值前20座城市中②，有15座城市处于东部地区，而在数字经济发展

平均指数值后 20 座城市中①，全部来自中西部以及东北地区。这说明我国城市数字经济发展在区域层面存在较大差异。从城市数字经济发展增长速度来看，在 2009～2020 年中部地区城市数字经济发展指数值的年均增长率最高，为 18.49%，其次是西部以及东北地区，分别为 17.16% 和 17.19%，而东部地区城市数字经济发展指数值的年均增长率为 14.66%，这表明尽管我国中西部以及东北地区城市的数字经济发展水平相对滞后，但增长速度较快，为推动中西部和东北地区城市经济转型提供了潜在的巨大动力。

4.3.2 城市数字经济发展水平的空间分布特征

为进一步直观展示城市数字经济发展的空间分布状态，本专著利用自然间断点分级法和 ArcGIS10.7 软件绘制了 2009～2020 年中国城市数字经济发展水平的空间动态演进分布图。在具体应用时，将某一年中国城市数字经济发展水平使用自然间断分级法划分为 5 类，按照城市数字经济发展指数值由高到低记为第一梯队、第二梯队、第三梯队、第四梯队以及第五梯队，其中第一梯队的数字经济发展水平最高，第五梯队的数字经济发展水平最低，据此绘制了 2009 年和 2020 年中国城市数字经济发展水平梯度表。

由表 4-5 可知，2009 年数字经济发展水平处于第一梯队的城市有北京市、上海市、深圳市、广州市、杭州市以及成都市，这些城市经济发达，对外开放水平较高，信息通信基础设施更加完善，受益于政策优势，这些城市的数字经济发展水平起步快，标准高，是中国参与全球数字经济竞争的排头兵。第二梯队的是天津市、苏州市、重庆市以及西安市等直辖市、副省级城市、省会城市等，这些城市虽然落

---

① 数字经济发展综合评价排名后 20 的城市：安顺市、庆阳市、朔州市、河池市、保山市、松原市、六盘水市、铁岭市、鹤岗市、绥化市、平凉市、石嘴山市、白城市、昭通市、巴中市、商洛市、七台河市、黑河市、吴忠市、武威市。

后于第一梯队的城市，但是发展潜力巨大，在数字经济发展领域将大有作为。第三梯队是长沙市、无锡市、中山市、哈尔滨市、石家庄市、太原市、南昌市等省会城市以及东部强地级市，这些城市在本省范围内处于发展领先的地位。第四梯队是潍坊市、西宁市、包头市、乌鲁木齐市、银川市等相对欠发达的省会城市以及普通地级市，这一梯队的城市数量最多。这些城市的经济发展处于我国城市经济发展的中等及中下等水平，经济发展相对滞后，经济增长仍处于提质换挡的攻坚期，虽然在数字经济发展方面取得了一些成绩，但是数字经济发展过程仍相对迟缓。第五梯队是庆阳市、七台河市、贵港市、鹤岗市、武威市、吴忠市、石嘴山市、平凉市、黑河市等中西部以及东北地区的普通地级市，这些城市表现为经济基础薄弱、交通设施落后、信息通信设施建设不完善、数字经济发展水平意识不够、缺少数字经济发展的先决条件，从而导致这些城市的数字经济发展水平相对滞后。

表 4 – 5　　　　　　　2009 年中国城市数字经济发展水平梯度分布

级别	主要城市
第一梯队	北京市、上海市、深圳市、广州市、杭州市、成都市
第二梯队	天津市、苏州市、西安市、武汉市、佛山市、昆明市、宁波市、重庆市、南京市
第三梯队	大连市、福州市、青岛市、长沙市、郑州市、东莞市、沈阳市、哈尔滨市、无锡市、济南市、长春市、温州市、中山市、泉州市、珠海市、石家庄市、嘉兴市、金华市、台州市、汕头市、常州市、江门市、南昌市、厦门市、合肥市、南通市、唐山市、太原市、南宁市、海口市、贵阳市、烟台市
第四梯队	鄂尔多斯市、潮州市、西宁市、包头市、绍兴市、潍坊市、湛江市、呼和浩特市、咸阳市、邯郸市、乌鲁木齐市、清远市、云浮市、兰州市、丽水市、金昌市、克拉玛依市、玉林市、吉安市、榆林市、威海市、四平市、淮安市、贺州市、本溪市、南阳市、防城港市、银川市、信阳市、晋中市、吉林市等
第五梯队	庆阳市、七台河市、铁岭市、绥化市、益阳市、贵港市、巴中市、平顶山市、濮阳市、新余市、河池市、呼伦贝尔市、永州市、六安市、鹤岗市、葫芦岛市、武威市、吴忠市、荆门市、商洛市、延安市、亳州市、石嘴山市、安顺市、鹰潭市、乌兰察布市、鄂州市、平凉市、六盘水市、嘉峪关市、黑河市等

进一步，表 4 - 6 报告了 2020 年中国城市数字经济发展水平梯度分布，可以看出随着时间的推移，诸如重庆市、南京市、郑州市、西安市等城市快速上升至第一梯队，长沙市、济南市、石家庄市、合肥市等省会城市上升至第二梯队，而中西部以及东北地区的普通地级市发展仍相对缓慢，与领先梯队呈现出了较大的发展差距，呈现出明显的"数字鸿沟"，进一步说明了我国的数字经济发展之路任重道远。此外，根据城市数字经济发展的空间动态演进分布图可以看出我国城市数字经济发展水平大体上呈现出"东部领先、中西部追赶以及东北落后"的空间分布特征，即从东部到中西部再到东北地区呈现出递减趋势。

表 4 - 6　　　　　　　2020 年中国城市数字经济发展水平梯度分布

级别	主要城市
第一梯队	北京市、深圳市、上海市、广州市、苏州市、杭州市、成都市、南京市、武汉市、重庆市、西安市
第二梯队	合肥市、郑州市、济南市、厦门市、长沙市、福州市、无锡市、天津市、宁波市、青岛市、珠海市、东莞市、石家庄市
第三梯队	佛山市、常州市、温州市、大连市、南通市、金华市、昆明市、沈阳市、泉州市、南昌市、哈尔滨市、南宁市、嘉兴市、徐州市、南阳市、贵阳市、绍兴市、长春市、台州市、潍坊市、中山市、太原市、湖州市、呼和浩特市、盐城市、洛阳市、兰州市、烟台市
第四梯队	桂林市、扬州市、揭阳市、肇庆市、临沂市、镇江市、保定市、泰州市、乌鲁木齐市、赣州市、莆田市、淮安市、廊坊市、海口市、淄博市、马鞍山市、商丘市、湛江市、六安市、驻马店市、周口市、上饶市、银川市、宜昌市、龙岩市、柳州市、开封市、沧州市、咸阳市、黄冈市等
第五梯队	钦州市、保山市、本溪市、安顺市、河池市、四平市、辽源市、朔州市、辽阳市、白山市、来宾市、攀枝花市、昭通市、资阳市、通辽市、庆阳市、阜新市、黑河市、乌兰察布市、铁岭市、伊春市、巴中市、鹤岗市、双鸭山市、武威市、白城市、松原市、石嘴山市、商洛市、七台河市、吴忠市、绥化市等

4.3.3　城市数字经济发展水平的内部结构分析

一个城市的数字经济发展水平是由数字基础设施、数字技术产出、数字创新能力以及数字金融发展四个分指标得分决定的，为更好地了解不同城市在数字经济发展各维度的现状，本节将进一步对城市数字经济发展水平的内部结构进行深入分析。本章报告了数字经济发展水平前五位城市（北京市、上海市、深圳市、广州市和杭州市）和数字经济发展水平后五位城市（商洛市、七台河市、黑河市、吴忠市和武威市）的内部竞争力结构，如图4-2所示。

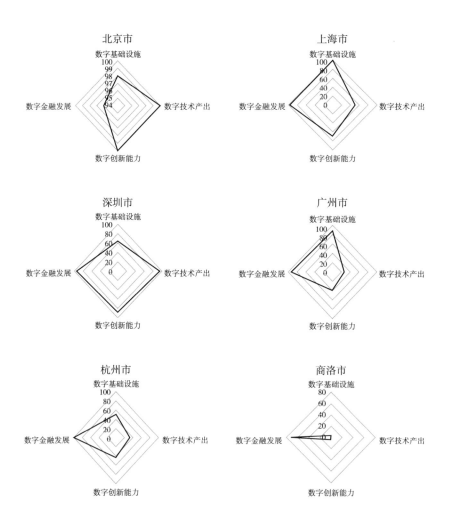

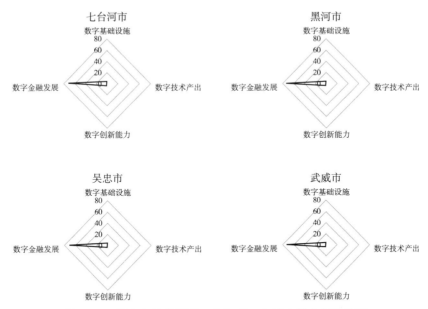

图 4 - 2　数字经济发展前五名与后五名城市的内部结构图

由图 4 - 2 可知，北京市在数字经济发展四项分指标得分方面表现得比较均衡，除数字基础设施得分略低于上海市，数字金融发展得分低于杭州市、上海市以及深圳市之外，其余各项指标均领先于其他城市，整体上处于绝对优势地位，而上海市、深圳市、广州市和杭州市四座城市的数字经济发展在整体上各有优劣，其中上海市的数字基础设施建设发展程度最高，杭州市的数字金融发展水平最高，深圳市的数字技术产出和数字创新能力发展水平相对较高，而广州市的数字技术产出发展程度相对较低，杭州市的数字基础设施建设和数字创新能力发展水平相对较低。相比较之下，数字经济发展最后五位城市的各项指标得分均不突出，如上海市的数字基础设施得分是吴忠市的 35.72 倍，北京市的数字创新能力得分是武威市的 37.95 倍，杭州市的数字金融得分是商洛市的 1.41 倍。由中国城市数字经济发展内部结构分析可知：第一，对数字经济发达城市而言，每个城市几乎都有自身的优势指标与劣势指标，说明每个城市的数字经济发展不可能面面俱到，各城市在数字经济发展领域的互补性很强，跨区域合作是加快我国城市数字经济发展的必由之路。第二，对数字经济发展相对落后的城市而言，其数字经济发展的各个领域都要远远滞后于发达城市。因此有必要通过政策扶持和跨区域合作帮扶等措施，推动这些城市的数字经济发展水平提高。

4.4 城市经济高质量发展水平的特征事实描述

4.4.1 城市经济高质量发展水平的整体趋势分析

附录2报告了2009～2020年中国城市经济高质量发展综合评价结果，纵观各省份（自治区、直辖市）的城市经济高质量发展平均指数值可以看出，我国城市经济高质量发展水平呈现出相对平稳的上升趋势。从全国层面来看，城市经济高质量发展指数值从2009年的0.197上升到了2020年的0.372，年均增长率为5.95%，说明我国城市经济高质量发展的推进工作行稳致远，进而有为，有效推动了城市经济结构转型与经济效率的提升，中国由高速增长向高质量增长阶段的努力初见成效，城市经济可持续发展动力得到了明显提高。

从省域层面来看，中国各省份的城市经济高质量发展水平呈现出明显的波动上升趋势，且不同省份的城市经济高质量发展存在较大差异。在中国城市经济高质量发展整体趋势上升的背景下，部分省份的城市经济高质量发展指数值呈现出了下降趋势。例如在2018年，辽宁省、甘肃省、山西省、青海省以及新疆维吾尔自治区等部分省份的城市经济高质量发展水平表现出不同程度的衰退。这说明我国城市经济高质量发展之路并非一帆风顺，而是面临着国内外双重环境的压力，城市经济高质量发展存在反弹的可能性。因此，各省市必须坚守经济高质量发展政策的连续性，要迎难而上，在意识上保持一致，在政策实施上讲求协同和连贯，最大限度地防止经济高质量发展推进工作出现波动和反复。进一步地，借鉴前文的研究将中国城市划分为东中西以及东北四大经济板块，从区域层面考察城市经济高质量发展在时间趋势上的差异性，如图4-3所示。

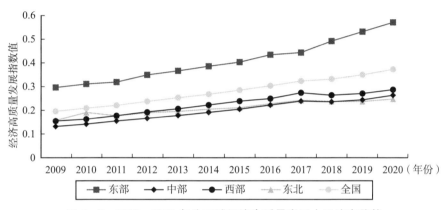

图4-3　2009～2020年分区域经济高质量发展水平演变趋势

由图4-3可知，东部城市经济高质量发展水平要远高于中西部和东北地区。在2009～2020年，东部城市经济高质量发展指数的平均值为0.408，而中西部以及东北地区城市经济高质量发展平均指数值仅约为0.2。从增长速度来看，中部地区城市经济高质量发展指数的增长速度最快，年均增长率为6.52%，东部次之，年均增长率为6.08%，尔后是西部地区，年均增长率为5.89%，东北地区城市经济高质量发展指数值的年均增长率仅为4.21%。这说明我国不同地区的城市经济高质量发展水平存在较大的差异性，东部地区作为我国经济改革开放的先锋阵地，在城市经济高质量发展推进方面表现出了强劲动能，是我国参与全球经济竞争的排头兵，虽然中西部地区城市经济高质量发展水平滞后于东部地区，但是增长速度相对较快，具有较大的发展潜力，说明推进中西部地区经济高质量发展将是实现我国经济高质量发展的重要潜在动力。而对于东北地区，无论是城市经济高质量发展水平，还是增长速度均处于相对落后的状态，如果不采取一定的政策措施，东北地区与东部发达地区的经济高质量发展差距将"愈演愈烈"，这将是对中国式现代化建设道路的严峻挑战，在未来推进城市经济高质量发展进程中要引起足够的重视。

4.4.2 城市经济高质量发展水平的空间分布特征

为更直观地感受中国城市经济高质量发展水平在空间层面的分布差异，同样采用自然间断点分级法和 ArcGIS10.7 软件绘制了 2009 ~ 2020 年中国城市经济高质量发展水平的空间动态演进分布图。在具体应用时，本文使用自然间断分级法划分为 5 类，按照城市经济高质量发展指数值由高到低记为第一梯队、第二梯队、第三梯队、第四梯队以及第五梯队，其中第一梯队的经济高质量发展水平最高，第五梯队的经济高质量发展水平最低，进而绘制了 2009 年和 2020 年中国城市经济高质量发展水平梯度表。

由表 4 - 7 可知，2009 年中国城市经济高质量发展处于第一梯队的主要有北京市、上海市、深圳市、广州市、南京市、杭州市等城市，这些城市地理位置优越、政策优势明显、科技人才集聚程度高、创新创业活力充沛、现代经济体系相对完善，是我国城市经济高质量发展的"标杆"。第二梯队是宁波市、武汉市、长沙市、济南市、珠海市、佛山市、海口市、西安市等城市，主要以副省级城市、省会城市和计划单列市等城市为主。这些城市在转变经济发展方式、推进供给侧结构性改革方面已经取得了优异的成绩，需要进一步巩固优势，弥补劣势，持续推进经济结构的优化与转型，扩大高质量的对外开放水平，坚守绿色高效发展理念，这些城市将成为推进我国经济高质量发展的关键所在。第三梯队主要是烟台市、湖州市、南通市、扬州市等相对发达的地级市城市，第四梯队主要是淮安市、新余市、大同市等相对欠发达的地级市城市，第五梯队则主要是庆阳市、来宾市、贵港市等经济相对落后的城市。这些城市的经济基础相对薄弱，产业结构较为单一，经济效率低，部分城市虽然在创新发展和产业结构转型等方面具有一定突破，但是从整体层面来看，这些城市的经济高质量发展仍存在较大的上升空间。

表 4 – 7　　　　　2009 年中国城市经济高质量发展水平梯度分布

级别	主要城市
第一梯队	北京市、上海市、深圳市、广州市、杭州市、南京市、厦门市、苏州市
第二梯队	宁波市、珠海市、武汉市、长沙市、济南市、中山市、大连市、天津市、呼和浩特市、佛山市、沈阳市、西安市、郑州市、兰州市、合肥市、常州市、鄂尔多斯市、成都市、包头市、贵阳市、青岛市、昆明市、重庆市、太原市、三亚市、海口市、东莞市、无锡市、威海市、哈尔滨市、银川市、嘉兴市、舟山市、南昌市、镇江市、福州市、绍兴市、乌鲁木齐市、东营市
第三梯队	烟台市、湖州市、淄博市、金华市、长春市、嘉峪关市、鞍山市、南通市、乌海市、温州市、扬州市、马鞍山市、攀枝花市、台州市、晋中市、酒泉市、西宁市、大庆市、牡丹江市、盘锦市、南宁市、本溪市、泉州市、黑河市、石家庄市、佳木斯市、吉林市、唐山市、潍坊市、泰州市、江门市、阳泉市、秦皇岛市、丹东市、株洲市、湘潭市、辽阳市、抚顺市、廊坊市、营口市、铜陵市、克拉玛依市
第四梯队	泰安市、鸡西市、盐城市、淮安市、黄山市、衢州市、丽水市、滨州市、锦州市、洛阳市、连云港市、朔州市、宜昌市、石嘴山市、肇庆市、徐州市、通化市、白山市、龙岩市、玉溪市、焦作市、柳州市、长治市、晋城市、张家界市、漳州市、桂林市、新余市、三明市、大同市等
第五梯队	六安市、武威市、遂宁市、上饶市、乌兰察布市、六盘水市、钦州市、玉林市、揭阳市、娄底市、邵阳市、驻马店市、南充市、信阳市、宿州市、河池市、庆阳市、平凉市、亳州市、商丘市、内江市、贺州市、百色市、阜阳市、来宾市、达州市、贵港市、周口市、巴中市、资阳市、广安市、昭通市等

进一步，表 4 – 8 报告了 2020 年中国城市经济高质量发展水平梯度分布，可以看出，长三角、珠三角、京津冀以及成渝地区是当前我国经济高质量发展水平相对较高的地区，而城市经济高质量发展水平大体上也存在着从东部到中西部以及东北地区逐渐递减的空间分布趋势。值得注意的是，我国城市经济高质量发展存在较高的波动性和反复性。以东北地区为例，2009 年主要以第三梯队的城市为主，到

了 2020 年则主要表现为第四梯队和第五梯队城市，这说明东北地区城市经济高质量发展进程相对于全国层面而言处于落后状态，需要进一步攻坚克难，切实推动城市经济高质量发展进程稳步提升。

表 4 - 8　　　　2020 年中国城市经济高质量发展水平梯度分布

级别	主要城市
第一梯队	深圳市、北京市、广州市、上海市、杭州市、南京市、东莞市、珠海市、厦门市、苏州市
第二梯队	武汉市、重庆市、长沙市、西安市、中山市、三亚市、佛山市、海口市、青岛市、合肥市、成都市、济南市、天津市、无锡市、太原市、郑州市、乌鲁木齐市、宁波市、舟山市、绍兴市
第三梯队	昆明市、嘉兴市、贵阳市、沈阳市、包头市、兰州市、常州市、哈尔滨市、金华市、南昌市、大连市、福州市、石家庄市、镇江市、温州市、威海市、湖州市、克拉玛依市、台州市、呼和浩特市、银川市、南通市、南宁市、长春市
第四梯队	绵阳市、株洲市、泉州市、烟台市、常德市、巴中市、淄博、衢州市、廊坊市、马鞍山市、鄂尔多斯市、徐州市、东营市、张家界市、扬州市、湘潭市、蚌埠市、泰州市、西宁市、丽水市、嘉峪关市、江门市、宜昌市、潍坊市、石家庄市、洛阳市、鹰潭市、六安市、龙岩市、盐城市等
第五梯队	白城市、攀枝花市、庆阳市、河池市、临汾市、葫芦岛市、崇左市、菏泽市、渭南市、贺州市、娄底市、商丘市、资阳市、玉林市、广安市、忻州市、六盘水市、吕梁市、百色市、绥化市、自贡市、安顺市、钦州市、商洛市、乌兰察布市、广元市、雅安市、昭通市、眉山市、贵港市、来宾市等

4.4.3　城市经济高质量发展水平的内部结构分析

一个城市的经济高质量发展水平是由该城市的创新能力、协调发展、绿色高效、对外开放以及福利共享五个维度的得分决定的。为更清晰地认知不同城市在经济高质量发展五个子维度的现状，有必要进一步对城市经济高质量发展的内部结构进行深入分析。本节报告了样本期内城市经济高质量发展水平综合排名前五位和后五位城市的内部竞争力结构，结果如图 4 - 4 所示。

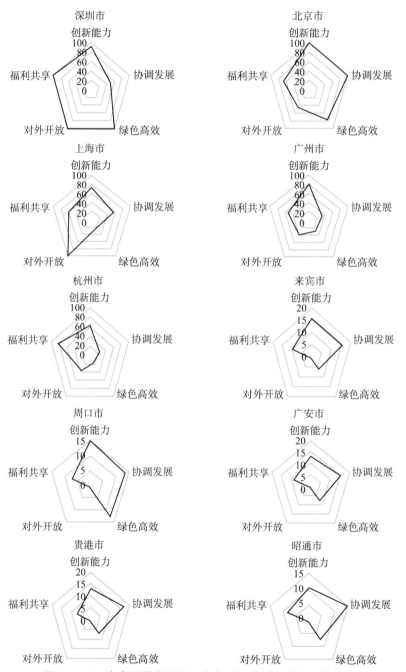

图4-4 经济高质量发展前五名与后五名城市的内部结构图

由图4-4可以看出，深圳市在经济高质量发展五项子维度的得分方面表现出相对均衡的发展态势，除了创新能力得分略低于北京市，协调发展得分略低于北京市和上海市之外，其绿色高效、对外开放以及福利共享三个维度的得分均领先于其他城市，整体上处于优势地位。北京市、上海市、广州市以及杭州市分列中国城市经济高质量发展第二到第五位次。其中，北京市的创新能力和协调发展这两项维度的得分均处于第一位次，除对外开放得分低于深圳市和上海市以及福利共享得分低于杭州市之外，其余各项维度的得分均仅次于深圳市，综合得分处于经济高质量发展第二位。上海市、广州市以及杭州市这三座城市的经济高质量发展在整体上各有优劣，不尽相同。例如，上海市经济高质量发展五项维度的得分相对均衡；广州市的对外开放得分表现相对优异，但是其协调发展以及福利共享两个维度的得分相对落后；杭州市的福利共享得分仅略低于深圳市，但是其协调发展、绿色高效以及对外开放三个维度的得分相对较低。但是从经济高质量发展综合评价最后五位城市的内部结构图可以看出，这五座城市在经济高质量发展五项维度的得分表现均不突出。例如，北京市的创新能力得分是昭通市的9.78倍，北京市的协调发展得分是周口市的7.38倍，深圳市的绿色高效得分是来宾市的16.22倍，上海市的对外开放得分是广安市的191.13倍，杭州市的福利共享得分是贵港市的11.51倍。综合而言，即使是"北上广深"这样的发达城市也不可能在经济高质量发展的各个领域"独占鳌头"，但是对于中西部以及东北等部分欠发达城市而言，经济高质量发展的各个领域基本都要远滞后于发达城市。这说明城市之间的高质量协同发展具有很强的互补性，进一步表明了我国推动区域经济高质量协同发展的可行性和必要性。

4.5　本章小结

在数字经济和经济高质量发展的核心特征与理论内涵基础上，从数字基础设施、数字技术产出、数字创新能力和数字金融发展四个维度以及创新能力、协调发展、绿色高效、对外开放和福利共享五个维度出发，分别构建了城市层面的数字经济和经济高质量发展综合评价指标体系，采用主成分分析法对 2009～2020 年中国 274 座城市的数字经济发展水平和经济高质量发展水平进行了测度。在此基础上，进一步考察了我国城市层面数字经济和经济高质量发展的时空演化趋势与内部竞争力结构，得到了以下结论：

关于城市数字经济发展水平。从时间维度来看，我国城市数字经济发展水平呈现出稳步上升趋势，尤其是在 2012 年之后呈现出加速趋势。省域差异性分析表明，部分省份的数字经济发展存在增速放缓的迹象。区域差异性分析表明，东部城市的数字经济发展水平要远高于中西部以及东北地区，而中西部以及东北地区城市数字经济发展水平的增长速度却相对较快。从空间维度来看，我国城市数字经济发展存在明显的"数字鸿沟"现象，即从东部到中西部以及东北地区逐渐递减。从内部竞争力结构来看，城市之间在数字经济发展的各领域具有较高的互补性，推动城市数字经济协同发展是提高我国数字经济全球竞争力的重要途径之一。

关于城市经济高质量发展水平。从时间维度来看，我国城市经济高质量发展水平稳步提高，经济可持续发展动力得到了明显提升。省域差异性分析表明，城市经济高质量发展的稳定性和持续性仍较弱，部分城市的经济高质量发展存在反弹的风险。区域差异性分析表明，相较于中西部和东北地区，东部城市的经济高质量发展水平相对更高，而中西部城市的经济高质量增长速度相对较快，但是对于东北地区，无论是经济高质量发展水平还是增长速度均处于相对落后状态。

从空间维度来看，东部地区的城市经济高质量发展水平相对均衡，而中西部以及东北地区的城市经济高质量发展表现出明显的非均衡状态。从内部竞争力结构来看，城市之间的经济高质量发展同样具有较强的互补性。综合而言，在未来经济发展进程中，要着重关注区域差异性问题，切实加强城市之间的协同合作。我国城市经济高质量发展之路任重道远，具有广阔的发展前景。

第 5 章

数字经济对城市经济高质量
发展的门限效应分析

当前，已有文献对数字经济影响经济增长的线性效应进行了广泛的分析，然而线性框架无法解释经济发展的过程特征（谢杰和张海森，2012）[182]，因而可能得到有偏的结论，尤其是在经济转型的关键时期，经济发展规律更多地表现出非线性框架，生产函数形式可能因某个变量（门限变量）而发生改变。在此背景下，本章将重点考察二者之间的非线性关系。关于门限变量的选择，汉森（Hansen，1999）[183]指出，门限变量既可以是解释变量的一个回归元，也可以是一个独立的外生变量。由第 2 章文献综述可知，已有研究在探讨数字经济对经济增长的影响时忽视了政府行为在其中的作用。基于此，本章从基础禀赋、能力提升与制度环境三个视角出发进行选择。其中，基础禀赋采用数字经济发展水平作为门限变量，能力提升选用政府创新偏好作为门限变量，其理论逻辑在于：政府创新偏好能够体现地区政府对教育和科技创新的支持力度和重视程度，而创新能力是影响经济高质量发展的重要因素之一（孙早和许薛璐，2018）。[74]制度环境则采用政府治理效率这一指标，其理论逻辑在于：政府治理效率反映政府与市场关系的发展水平，政府的有效监管与积极引导能够提高产品市场、要素市场以及中介组织市场的发展水平，而制度环境体系的发展程度是影响经济高质量发展的另一个重要外部因素（张占斌和杜庆昊，2018）。[72]综合而言，本章选择数字经济发展水平、政府创新偏好以及政府治理效率这三个指标，作为门限变量以考察数字经济对城市经济高质量发展的非线性效应。

5.1 模型构建

5.1.1 面板门限模型简介

（1）两区制面板门限模型。

门限模型是用来衡量变量之间是否发生突变的一种方法，当门限变量超过一定的临界值之后，受门限变量取值影响的变量（区控制变量）估计值会发生突变的一种现象。面板门限模型主要包含单一门限模型和多重门限模型，本章借鉴汉森（1999）[183]等研究，主要介绍两区制面板门限模型。具体的模型表达式如下：

$$\begin{cases} Y_{it} = \alpha_0 + \boldsymbol{\beta}_1' \boldsymbol{X}_{it} + \mu_i + \varepsilon_{it} & \text{如果 } d_{it} \leq \gamma \\ Y_{it} = \alpha_0 + \boldsymbol{\beta}_2' \boldsymbol{X}_{it} + \mu_i + \varepsilon_{it} & \text{如果 } d_{it} > \gamma \end{cases} \quad (5.1)$$

其中，Y_{it} 表示区域 i 在第 t 年的被解释变量，X_{it} 为解释变量，d_{it} 为门限变量，γ 为待估计的门限值，μ_i 为个体效应，ε_{it} 为随机扰动项。进一步地，引入指示性函数，式（5.1）可以化简为：

$$Y_{it} = \alpha_0 + \boldsymbol{\beta}_1' \boldsymbol{X}_{it} I(d_{it} \leq \gamma) + \boldsymbol{\beta}_2' \boldsymbol{X}_{it} I(d_{it} > \gamma) + \mu_i + \varepsilon_{it} \quad (5.2)$$

其中，$I(\cdot)$ 为指示性函数。当满足括号内的条件时，该函数值取值为 1，否则取值为 0，且满足如下关系：

$$I(d_{it} \leq \gamma) = \begin{cases} 1 & \text{如果 } d_{it} \leq \gamma \\ 0 & \text{如果 } d_{it} > \gamma \end{cases} \quad (5.3)$$

$$I(d_{it} > \gamma) = \begin{cases} 1 & \text{如果 } d_{it} > \gamma \\ 0 & \text{如果 } d_{it} \leq \gamma \end{cases} \quad (5.4)$$

则式（5.3）和式（5.4）可以化简为：

$$Y_{it} = \alpha_0 + \boldsymbol{\beta}' \boldsymbol{X}_{it} I(d_{it}, \gamma) + \mu_i + \varepsilon_{it} \tag{5.5}$$

关于面板门限模型的估计，汉森（1999）[183]提出，将残差平方和最小化作为估计门限值的条件，并构建了 LR 统计量检验门限值的显著性。具体而言，给定门限值 γ，β 的最小二乘估计量为：

$$\hat{\beta} = \{ \boldsymbol{X}^*(\gamma)' \boldsymbol{X}^*(\gamma) \}^{-1} \{ \boldsymbol{X}^*(\gamma)' \boldsymbol{Y}^* \} \tag{5.6}$$

在上式中，$\boldsymbol{Y}^*$ 和 $\boldsymbol{X}^*$ 是组内离差，残差平方和 $Rss = \hat{\varepsilon}^{*\prime}\hat{\varepsilon}^*$，从门限变量 $d_{i,t}$ 的取值中选取一个门限值 $\hat{\gamma}$ 使得残差平方和最小。即：

$$\hat{\gamma}(\gamma) = \frac{argminRss(\gamma)}{\gamma} \tag{5.7}$$

在得到 $\hat{\gamma}$ 后，进一步对其进行门限效应检验和门限值检验（对门限估计值的真实性进行检验）。

（2）门限效应检验。

门限效应的原假设和备择假设分别为：

$$H_0: \boldsymbol{\beta}_1 = \boldsymbol{\beta}_2; \quad H_1: \boldsymbol{\beta}_1 \neq \boldsymbol{\beta}_2 \tag{5.8}$$

汉森（1999）[183]构造的 LR 统计量为：

$$LR = \frac{(Rss^* - Rss(\hat{\gamma}))}{Rss(\hat{\gamma})/N(T-1)} \tag{5.9}$$

其中，Rss^* 是不存在门限效应模型的残差平方和，$Rss(\hat{\gamma})$ 为门限效应模型对应的残差平方和。LR 统计量的渐进分布依赖于样本矩，能够采用 Bootstrap 自助法计算其临界值。如果门限效应检验不拒绝原假设，说明该模型不存在门限效应，反之，若门限效应检验拒绝原假设，则说明模型存在门限效应，需要考虑由于门限变量突变带来的影响。当模型存在门限效应时，还应该对门限值的一致性进行检验。

（3）门限值检验。

门限值检验的原假设为：$H_0: \gamma = \gamma_0$，其对应的 LR 统计量为：

$$LR_1 = \frac{(Rss(r) - Rss(\hat{r}))}{Rss(\hat{r})/N(T-1)} \tag{5.10}$$

汉森（1999）[183]基于似然比统计量测算了当显著性水平为 α 时原假设成立的置信区间。具体而言，当显著性水平为 α 时，若 $LR(\gamma) \leqslant -2\text{Ln}(1 - \sqrt{1-\alpha})$，则不能拒绝原假设；反之，则拒绝原假设。当显著性水平 α 分别为 0.1、0.05 和 0.01 时，对应的临界值分别为 6.53、7.35 和 10.59。

5.1.2　实证模型构建

基于上述分析，本章构建面板门限模型考察数字经济对城市经济高质量发展可能产生的非线性效应，同时考虑到数字经济与经济高质量发展可能存在由于互为因果导致的内生性问题，当数字经济发展水平作为门限变量时，使用传统的非线性最小二乘法可能导致估计偏误。基于此，本章将数字经济发展水平滞后一期作为前定变量进行回归分析，其理论逻辑在于滞后一期的数字经济发展水平与本期的数字经济发展水平高度相关，但是与其他影响城市经济高质量发展的残差项不相关。模型设定见式（5.11）。

$$\text{Ln}Qua_{i,t} = \alpha_0 + \alpha_1 Dei_{i,t-1} I(d_{i,t-1} < \eta_1) + \alpha_1 Dei_{i,t-1} I(\eta_1 \leqslant d_{i,t-1} < \eta_2)$$
$$+ \alpha_1 Dei_{i,t-1} I(d_{i,t-1} \geqslant \eta_2) + \sum_{k=1} \gamma_k Control_{i,k,t} + \mu_i + \varepsilon_{i,t}$$

$$(5.11)$$

其中，$\text{Ln}Qua$ 表示经济高质量发展水平，i 为城市，t 代表时间，$I(\cdot)$ 为指示性函数，d 为门限变量，选取数字经济发展水平（Dei）、政府创新偏好（Pre）以及政府治理效率（Eg）作为门限变量，η_1 和 η_2 为待估计的门限值，当满足括号内的条件时，该函数值赋值为 1，反之赋值为 0，$Control$ 为一系列控制变量。为更精准地考察数字经济对城市经济高质量发展的影响，本章在参考已有文献的基础上选择财政分权度、政府创新偏好、人口密度、政府治理效率以及基础设施这五个变量作为控制变量，μ_i 为个体固定效应，$\varepsilon_{i,t}$ 为随机扰动项。

5.2　变量指标选择与数据说明

（1）被解释变量。

经济高质量发展水平（Qua）。使用第 4 章测算得到的城市经济高质量发展指数值衡量城市经济高质量发展水平。为消除指标量纲的影响并考察数字经济对城市经济高质量发展的弹性效应，对经济高质量发展指数值进行对数化处理。

（2）核心解释变量。

数字经济发展水平（Dei）。使用第 4 章测算得到的数字经济发展指数值衡量城市数字经济发展水平。在具体应用时，为更好地理解数字经济对城市经济高质量发展的边际影响，对数字经济发展指数值取对数化处理。

（3）控制变量。

为进一步控制城市层面的特征变量对城市经济高质量发展的影响，本章选取了如下变量作为控制变量：

第一，财政分权度（$Finadp$）。该指标能够反映地方政府的财政可支配程度，是中央和地方政府进行资源配置，推动经济增长的重要因素和制度安排。财政分权度的提高意味着地方政府支配财政收入的权力得到了提升，进而可能会影响地方政府的经济增长方式，加大政府之间的竞争力。此外，财政分权度的提高在促进经济增长的过程中还能够提高绿色发展效率（Khan et al.，2021）[184]，是影响城市经济高质量发展的一个重要变量。本节采用财政预算收入与财政预算支出的比值进行衡量。

第二，政府创新偏好（Pre）。政府创新偏好反映地方政府对科技创新的重视程度和支持力度，是影响地区创新能力提升的重要因素之一。科技研发本身是一种风险性行为，需要投入大量的人力、物力以及时间成本，才有可能实现科学技术的创新突破。城市作为创新资源的主要集聚地，地方政府是城市创新系统的主要参与者与引领者，政府的科技创新支持能够有效发挥创新要素的创新效应（卓乘风和邓峰，2017）[185]，并最终影响经济高质量发展水平及进程。本文采用教育和科技总支出占财政支出的比重进行衡量。

第三，人口密度（LnRkmd）。人口密度能够反映地方劳动力的集聚程度以及资本扩散现状（Ogundari & Awokuse，2018）。[186] 我国虽然是人口大国，但是我国的人力资本素养却存在较高的上升空间，尤其是在人口红利优势逐渐下降的转型关键期，有必要进一步关注人口因素对经济高质量发展的影响。本文采用各地区总人口与行政区面积比值的对数值进行度量。

第四，政府治理效率（Eg）。在经济由高速增长向高质量增长的转型关键期，政府治理效率成为影响经济发展质量的重要因素之一。政府治理效率反映地方政府与市场关系的发展水平，政府治理效率越高，要素资源的市场化配置能力就越强，越有利于吸引创新人才和科技企业集聚，进而有助于推动地区全要素生产率提升（郭金花和郭淑芬，2020）。[187] 本节使用樊纲等（2018）[188] 编撰的《中国分省份市场化指数报告（2018）》以及《中国分省份市场化指数报告（2021）》中各省份的市场化指数进行衡量。其中前一份报告以2008年为基期，汇报了2008～2016年的市场化指数变动趋势，而后一份报告以2016年为基期，汇报了2016～2019年的市场化指数变动趋势，故2016年前后的数据不可以直接进行对比。基于此，本节将后一份报告中的数据转换为以2008年为基期的数据，具体的计算公式如下：

$$M_t = M_{t-1} \times \frac{P_t}{P_{t-1}} (t \geqslant 2017) \qquad (5.12)$$

其中，M_t 表示以2008年为基期的第 t 年的市场化指数值，M_{t-1} 表示以2008年为基期的第 $t-1$ 年的市场化指数值，P_t 为以2016年基期的第 t 年的市场化指数值，P_{t-1} 为以2016年为基期的第 $t-1$ 年的市场化指数值，由于该报告的数据仅公布至 2019 年，缺失的一年数据使用线性插值法进行修正，从而得到 2009 ~ 2020 年各省份的市场化指数值，并匹配到城市层面。

第五，基础设施（*Infra*）。基础设施反映一个城市的公共设施建设现状及未来城市发展潜力。基础设施建设越完善，人才集聚和流动的效率就越高（张波，2019）[189]，进而有助于为城市经济高质量发展提供良好的公共服务支持。本文采用人均城市道路面积的对数值进行表征。

以上变量指标的相关数据主要来源于《中国城市统计年鉴》，其中部分缺失的数据通过各省的统计年鉴以及各城市历年的国民经济和社会发展统计公报进行补充。

各变量的统计描述见表 5 – 1。

表 5 – 1　　　　　　　　变量的描述性统计

变量	样本数	均值	标准差	P25	P50	P75	最小值	最大值
经济高质量发展指数值	3 288	0.228	0.131	0.153	0.197	0.258	0.055	1.566
经济高质量发展指数值取对数化处理	3 288	− 1.585	0.445	− 0.187	− 1.619	− 1.354	− 2.883	0.448
数字经济发展指数值	3 288	0.494	0.293	0.258	0.511	0.663	0.038	3.242
数字经济发展指数值取对数化处理	3 288	− 0.901	0.680	− 1.351	− 0.669	− 0.410	− 3.257	1.176
财政分权度	3 288	0.463	0.222	0.283	0.428	0.615	0.055	1.541
政府创新偏好	3 288	0.193	0.042	0.166	0.194	0.220	0.015	0.372
人口密度	3 288	5.768	0.923	5.237	5.908	6.481	1.204	9.085
政府治理效率	3 288	6.858	1.706	5.700	6.750	7.780	2.330	12.033
基础设施	3 288	1.204	0.874	0.575	1.210	1.800	− 1.747	4.301

5.3 实证结果分析

首先，利用偏相关图初步检验数字经济对城市经济高质量发展水平提升的效应，如图5-1所示。

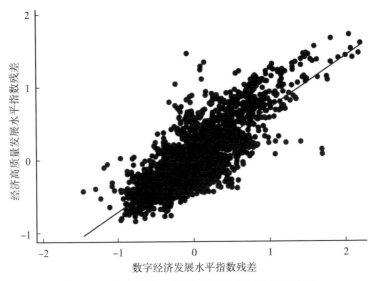

图5-1 数字经济与经济高质量发展的偏相关图

图5-1显示，数字经济与城市经济高质量发展为正相关，本节将进一步使用面板门限模型检验二者之间关系的统计显著性。在对面板门限模型进行回归之前，借助Bootstrap反复抽样法对数字经济发展水平、政府创新偏好以及政府治理效率的门限特征进行检验。在具体操作时，借鉴汉森（1999）[183]的研究将修整比例设定为1%，即忽略门限变量前后各1%的观测值，通过反复抽样1 000次得到各门限变量对应门限效应检验的P值，检验结果如表5-2所示。

表 5 – 2 门限效应检验

门限变量	门限数	门限值	P 值	临界值			BS 次数
				10%	5%	1%	
LnDei	单门限效应	– 1.392	0.000	36.895	41.307	47.987	1 000
	双门限效应	– 0.420	0.000	26.217	28.485	37.741	1 000
	三门限效应	– 0.038	0.800	18.163	21.203	34.867	1 000
Pre	单门限效应	0.156	0.000	15.244	19.925	25.163	1 000
	双门限效应	0.194	0.300	19.246	28.529	46.461	1 000
	三门限效应	0.261	0.680	15.818	18.403	30.752	1 000
Eg	单门限效应	4.890	0.020	23.364	27.960	54.932	1 000
	双门限效应	6.180	0.000	23.258	26.175	35.161	1 000
	三门限效应	9.300	0.460	55.545	72.594	86.610	1 000

表 5 – 2 报告了当数字经济发展水平、政府创新偏好以及政府治理效率作为门限变量时，模型（5.11）所对应的门限效应检验结果。结果显示，当数字经济发展水平作为门限变量时，单一门限和双重门限效应检验对应的 P 值均为 0.000，在 1% 的水平上显著，而三门限效应检验对应的 P 值超过了 0.1，说明当数字经济发展水平作为门限变量时，模型（5.11）存在双重门限效应，对应的门限值分别是– 1.392 和– 0.420。同理，当政府创新偏好作为门限变量时，模型（5.11）存在单一门限效应，对应的门限值分别为 0.156。当政府治理效率作为门限变量时，模型（5.11）存在双重门限效应，对应的门限值分别为 4.890 和 6.180。

根据门限效应检验确定门限值之后，仍需要进一步对门限值的一致性进行检验。如前文所述，汉森（1999）[183] 构造的似然比统计量（LR）在给定的显著性水平下能够计算出其拒绝域，其原假设是门限估计值与真实值是相同的，若门限值检验拒绝原假设，则表明未通过门限值的一致性检验，反之，则表明门限值是有效的。图 5 – 2 分别报告了数字经济发展水平、政府创新偏好以及政府治理效率作为门限变量时门限估计值对应的似然比函数图，虚线为 5% 的显著性水平对应的临界值（7.35），最低点为门限估计值对应的点，可以看出各门限估计值对应的 LR 统计量均小于临界值，说明门限估计值是有效的。

在门限效应检验和门限一致性检验通过后，表 5－3 报告了数字经济对城市经济高质量发展的面板门限回归结果，可以得到以下结论：

第一，表 5－3 第（1）列显示当数字经济发展水平（LnDei）小于等于门限值 －1.392 时，数字经济的回归系数为 0.230，在 1% 的水平上显著，说明当数字经济发展水平每提高 1%，城市经济高质量发展水平就提升 0.230%。当数字经济发展水平介于 －1.392 至 －0.420 时，

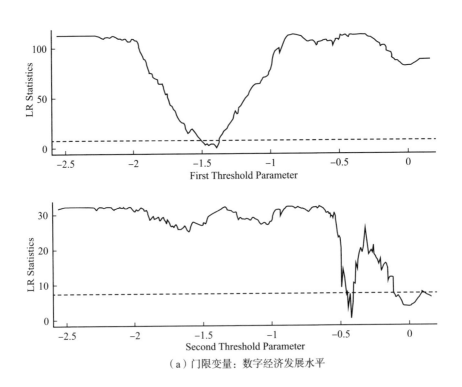

（a）门限变量：数字经济发展水平

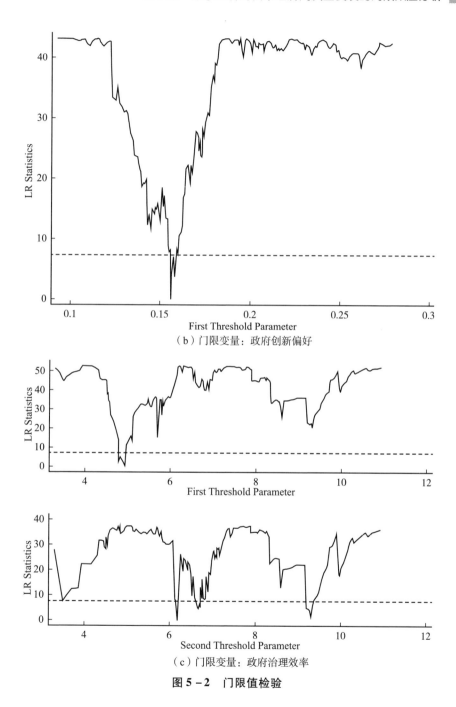

（b）门限变量：政府创新偏好

（c）门限变量：政府治理效率

图 5 - 2　门限值检验

数字经济的回归系数为 0.288，即当数字经济发展水平每提高 1%，城市经济高质量发展水平就提升 0.288%。当数字经济发展水平大于门限值 -0.420 时，数字经济回归系数为 0.375，即当数字经济发展水平每提高 1%，城市经济高质量发展水平就提升 0.375%。这说明随着数字经济发展水平的不断提升，其对城市经济高质量发展水平的促进作用不断增强，即数据要素与其他传统生产要素的融合能够带来规模报酬递增（或非递减）的作用效果。进一步由表 5-1 变量的描述性统计可知，全样本数字经济发展指数值进行对数化处理后的均值为 -0.901，25% 的分位数为 -1.351，50% 的分位数为 -0.669，75% 的分位数为 -0.410，而数字经济对城市经济高质量发展的第二门限值为 -0.420，说明一半以上城市的数字经济发展水平未超过第二门限值，即数字经济对城市经济高质量发展仍存在较大的上升空间。

表 5-3 面板门限回归结果

变量	门限变量		
	LnDei	Pre	Eg
	（1）	（2）	（3）
第一区间	0.230 *** (35.07)	0.171 *** (23.75)	0.184 *** (28.93)
第二区间	0.288 *** (27.61)	0.213 *** (33.70)	0.219 *** (39.00)
第三区间	0.375 *** (17.76)	—	0.193 *** (30.45)
Finadp	0.160 *** (5.02)	0.0855 *** (2.76)	-0.0482 * (-1.65)
Pre	0.662 *** (6.93)	0.936 *** (8.93)	0.552 *** (6.44)
LnRkmd	-0.106 *** (-6.19)	-0.0926 *** (-5.43)	0.199 *** (20.72)

续表

变量	门限变量		
	LnDei	Pre	Eg
	（1）	（2）	（3）
Eg	0.0631 *** （13.50）	0.0705 *** （15.23）	0.0583 *** （14.14）
Infra	0.0657 *** （8.31）	0.0752 *** （9.52）	0.0750 *** （11.53）
_Cons	－1.427 *** （－13.29）	－1.623 *** （－15.28）	－3.968 *** （－40.74）
obs	3014	3014	3014
R^2	0.757	0.750	0.799

注：*** 、** 、* 分别表示在 1% 、5% 、10% 的显著性水平，括号内为 t 检验值。

　　第二，从控制变量可以看出，财政分权度的回归系数为 0.160，在 1% 的水平上显著，即财政分权度与城市经济高质量发展表现为正相关，说明地方政府财政可支配程度的提高有助于推动经济高质量发展。政府创新偏好的回归系数显著为正，即地方政府通过加大对科技创新活动的财政支持有利于释放技术创新对经济高质量发展的促进作用。人口密度的回归系数为 －0.106，通过了 1% 的显著性水平，说明人口密度的提高对城市经济高质量发展可能产生抑制作用，可能的原因是人口密集程度的提高将增大资源需求与环境承载压力，使得教育、住房、医疗、交通等公共服务的供给能力出现瓶颈，从而无益于城市经济可持续发展。政府治理效率的回归系数显著为正，充分表明政府这只"有形的手"在经济高质量发展进程中具有的重要意义。政府治理效率通过提高市场化水平，为要素资源的高效配置提供了重要的制度保障。基础设施建设的回归系数为 0.0657，在 1% 的水平上显著，说明基础设施建设是促进城市经济高质量发展的一个重要变量。基础设施建设的完善有助于促进要素资源的流动效率，提高供求双方的动态匹配能力，为经济高质量发展提供了重要的基础性作用。

第三，表5-3第（2）~（3）列分别报告了政府创新偏好和政府治理效率作为门限变量的面板门限回归结果。第（2）列显示，当政府创新偏好作为门限变量时，随着地方政府对教育支出和科技创新支持力度的不断加大，数字经济对城市经济高质量发展提升的边际效应逐渐增强。当政府创新偏好跨过0.156的门限值之后，数字经济对城市经济高质量发展的回归系数由0.171上升至0.213，说明当前我国地方政府对教育和科技的投入力度偏低，仍存在较大的上升空间，随着地方政府对科技创新重视程度和支持力度的持续提高，数字经济对经济高质量发展的促进作用将更大。当政府治理效率作为门限变量时，随着政府治理效率的不断提高，数字经济对城市经济高质量发展的边际效应呈现出先上升后下降的倒"U"型变化趋势。具体而言，当政府治理效率跨过4.890的门限值之后，数字经济对城市经济高质量发展的边际效应由0.184上升至0.219，当政府治理效率跨过6.180的门限值之后，数字经济对城市经济高质量发展的回归系数由0.219下降至0.193，说明在促进经济高质量发展的过程中，高效健康的政府与市场关系将发挥重要的作用，政府治理效率的提升能够增强数字经济与城市经济高质量发展的正向效应，但是当政府治理效率发展到一定程度之后，其对影响数字经济与城市经济高质量发展正向效应的功效将逐渐下降。

综合而言，当数字经济发展水平和政府创新偏好作为门限变量时，数字经济对城市经济高质量发展存在"加速效应"；当政府治理效率作为门限变量时，数字经济对城市经济高质量发展存在先"加速"后"收敛"的倒"U"型变化趋势。

5.4　稳健性检验

稳健性检验主要可以通过内部有效性检验和外部有效性检验两个

方面进行验证。其中，内部有效性是检验当前因果效应的统计推断结果是否有效，外部有效性是检验当前因果效应的检验结果能否由总体环境推广到其他环境（詹姆斯和马克，2009）。[190]基于此，本章主要通过改变修整比例进行内部有效性检验，通过探究区位特征差异和城市等级差异进行外部有效性检验。

5.4.1　改变修整比例

前文的研究将修整比例设定为 0.01，本节将修整比例设定为 0.05，重新对模型（5.11）进行估计。

第一，门限效应检验。

表 5 - 4 报告了将修整比例调整为 0.05，通过 Bootstrap 反复抽样法抽样 1 000 次后各门限变量对应的门限效应检验结果。

表 5 - 4　　　　　　　　　　门限效应检验结果

门限变量	门限数	门限值	P 值	临界值			BS 次数
				10%	5%	1%	
LnDei	单门限效应	- 1.478	0.000	41.112	47.457	54.801	1 000
	双门限效应	- 0.417	0.020	23.946	31.762	42.131	1 000
	三门限效应	- 1.675	0.920	26.317	32.053	44.745	1 000
Pre	单门限效应	0.156	0.000	19.142	20.421	31.355	1 000
	双门限效应	0.194	0.240	16.612	20.224	26.592	1 000
	三门限效应	0.261	0.630	16.298	25.730	42.253	1 000
Eg	单门限效应	4.894	0.020	23.427	24.658	48.107	1 000
	双门限效应	6.180	0.000	22.864	28.706	33.072	1 000
	三门限效应	9.300	0.700	65.215	74.150	103.720	1 000

由表 5 - 4 可知，当数字经济发展水平作为门限变量时，模型

（5.11）存在双重门限效应，对应的门限值分别是 - 1.478 和 - 0.417。当政府创新偏好作为门限变量时，模型（5.11）存在单一门限效应，对应的门限值为 0.156。当政府治理效率作为门限变量时，模型（5.11）存在双重门限效应，对应的门限值分别是 4.894 和 6.180。综上说明，将修整比例调整为 0.05 时，各门限变量对应的门限效应检验基本没有太大的波动。

第二，门限一致性检验。

对门限效应检验估计得到的门限值进行一致性检验，结果如图 5 - 3 所示。可以看出模型（5.11）各门限值对应的似然比统计量均小于 5% 水平下的临界值，说明门限值检验是不拒绝原假设的，即各模型估计的门限值通过了一致性检验。

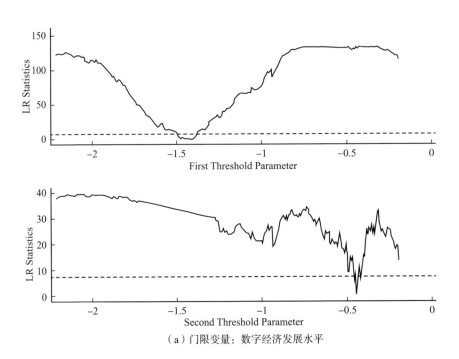

（a）门限变量：数字经济发展水平

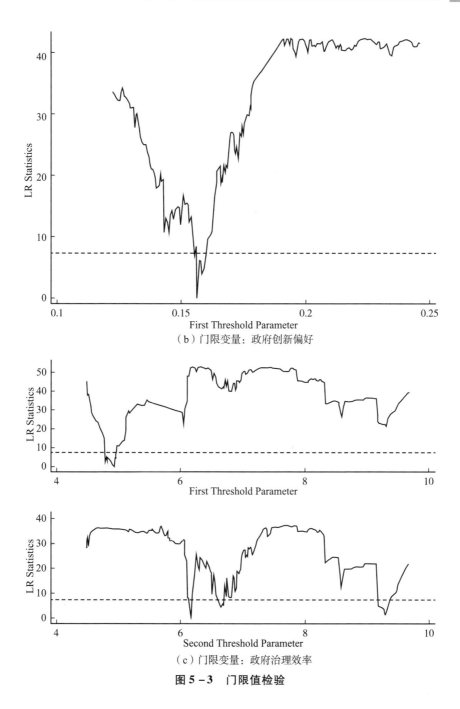

（b）门限变量：政府创新偏好

（c）门限变量：政府治理效率

图 5 - 3　门限值检验

第三，实证结果分析。

表5-5报告了将修整比例调整为5%后的实证结果。可以看出，当数字经济作为门限变量时，随着数字经济发展水平的不断提高，其对城市经济高质量发展呈现出显著的边际效应递增趋势。当政府创新偏好作为门限变量时，随着政府创新偏好进入更高的阈值，数字经济对城市经济高质量发展的边际效应递增；当政府治理效率作为门限变量时，数字经济对城市经济高质量发展的边际效应同样存在先上升后下降的倒"U"型变化趋势，进一步佐证了前文的研究结论。

表5-5　　　　　　　　面板门限回归结果

变量	门限变量		
	Dei	*Pre*	*Eg*
第一区间	0. 231 *** (38. 21)	0. 183 *** (27. 21)	0. 184 *** (28. 93)
第二区间	0. 278 *** (29. 29)	0. 217 *** (36. 65)	0. 219 *** (39. 00)
第三区间	0. 464 *** (12. 04)	—	0. 194 *** (30. 45)
Finadp	0. 0272 (0. 89)	0. 0854 *** (2. 76)	- 0. 0482 * (- 1. 65)
Pre	0. 603 *** (6. 75)	0. 934 *** (8. 91)	0. 552 *** (6. 44)
Ln*Rkmd*	- 0. 0997 *** (- 6. 27)	- 0. 0926 *** (- 5. 42)	0. 200 *** (20. 72)
Eg	0. 0508 *** (11. 49)	0. 0705 *** (15. 23)	0. 0583 *** (14. 14)
Infra	0. 0496 *** (6. 70)	0. 0753 *** (9. 52)	0. 0750 *** (11. 53)
_*Cons*	- 3. 325 *** (- 24. 42)	- 1. 623 *** (- 15. 28)	- 3. 968 *** (- 40. 74)

变量	门限变量		
	Dei	*Pre*	*Eg*
obs	3014	3014	3014
R^2	0.788	0.750	0.793

注：***、**、* 分别表示在 1%、5%、10% 的显著性水平，括号内为 t 检验值。

5.4.2　区位异质性检验

为了比较不同区位特征带来的影响差异，依据第 4 章的划分标准将全样本划分为东部、中部、西部以及东北四大经济板块进行异质性检验。

（1）东部地区。

第一，门限效应检验。

表 5 – 6 报告了东部地区分样本得到的门限效应检验结果。当数字经济发展水平作为门限变量时，模型（5.11）存在双门限效应，对应的门限值分别为 0.294 和 0.318。当政府创新偏好作为门限变量时，模型（5.11）存在单一门限效应，对应的门限值为 0.211；当政府治理效率作为门限变量时，模型（5.11）同样存在单一门限效应，对应的门限值为 8.330。

表 5 – 6　　　　　　　　门限效应检验（东部）

门限变量	门限数	门限值	P 值	临界值			BS 次数
				10%	5%	1%	
Ln*Dei*	单门限效应	0.294	0.000	21.967	25.614	57.326	1 000
	双门限效应	0.318	0.020	16.162	19.872	34.843	1 000
	三门限效应	− 1.337	0.500	19.807	23.882	36.008	1 000

续表

门限变量	门限数	门限值	P 值	临界值			BS 次数
				10%	5%	1%	
Pre	单门限效应	0.211	0.040	28.340	35.091	58.707	1 000
	双门限效应	0.216	0.120	46.652	57.992	125.763	1 000
	三门限效应	0.165	0.600	48.748	58.512	72.558	1 000
Eg	单门限效应	8.330	0.020	16.709	19.015	71.236	1 000
	双门限效应	6.420	0.200	27.801	49.176	146.022	1 000
	三门限效应	6.910	0.580	36.589	57.967	65.781	1 000

第二，门限值检验。

图 5-4 分别报告了数字经济发展水平、政府创新偏好和政府治理效率作为门限变量时门限估计值对应的似然比函数图。可以看出，数字经济发展水平的双重门限值以及政府创新偏好和政府治理效率的单一门限值对应的似然比统计量均小于 5% 水平下的临界值，表明上述门限值的一致性检验通过。

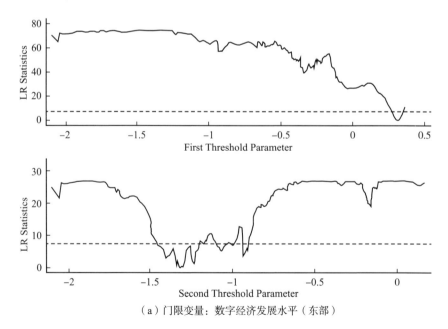

（a）门限变量：数字经济发展水平（东部）

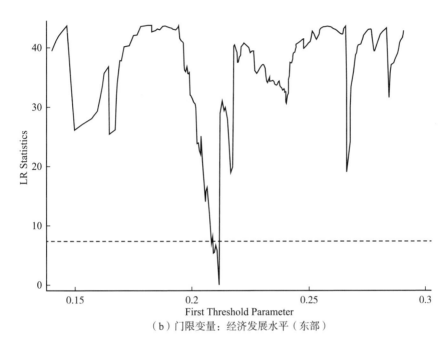

（b）门限变量：经济发展水平（东部）

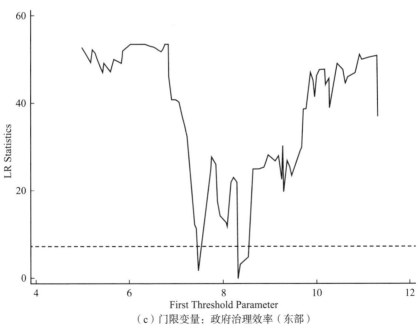

（c）门限变量：政府治理效率（东部）

图 5 – 4　门限值检验

第三，实证结果分析。

表5-7报告了东部地区分样本得到的面板门限模型回归结果。当数字经济发展水平作为门限变量时，随着数字经济发展水平跨过0.294和0.318的门槛之后，数字经济对城市经济高质量发展的回归系数由0.224上升至0.262，并进一步上升至0.655，说明随着数字经济发展水平进入更高的阈值，其对城市经济高质量发展的边际效应呈现出上升趋势。当政府创新偏好和政府治理效率分别作为门限变量时，随着政府创新偏好和政府治理效率进入更高的阈值，数字经济对城市经济高质量发展的促进作用呈现出边际效应递增趋势，说明随着东部地区政府对科技创新支持力度的增强以及政府治理效率的提高，数字经济与城市经济高质量发展的正向效应能够得到显著提升。

表5-7 面板门限回归结果（东部）

变量	门限变量		
	LnDei	Pre	Eg
第一区间	0.224 *** (22.12)	0.248 *** (23.42)	0.191 *** (18.22)
第二区间	0.262 *** (18.94)	0.287 *** (26.94)	0.251 *** (20.02)
第三区间	0.655 *** (13.31)	—	—
Finadp	-0.0883 * (-1.68)	0.0061 (0.23)	-0.106 * (-1.96)
Pre	0.578 *** (3.94)	0.188 ** (2.25)	0.706 *** (4.67)
LnRkmd	-0.0632 *** (-2.58)	-0.0038 (-0.30)	-0.0326 (-1.30)
Eg	0.0532 *** (9.08)	-0.0052 * (-1.82)	0.0749 *** (11.72)

变量	门限变量		
	LnDei	Pre	Eg
Infra	0.0139 (0.86)	− 0.0441 *** (− 5.47)	0.0145 (0.87)
_Cons	− 1.324 *** (− 7.56)	0.241 *** (2.70)	− 1.739 *** (− 9.88)
obs	935	935	935
R^2	0.825	0.690	0.812

注：*** 、** 、* 分别表示在 1% 、5% 、10% 的显著性水平，括号内为 t 检验值，"—"表示空值。

（2）中部地区。

第一，门限效应检验。

表 5 - 8 报告了中部地区分样本得到的门限效应检验结果。当数字经济发展水平作为门限变量时，模型（5.11）存在单一门限效应，对应的门限值为 - 1.423；当政府治理效率作为门限变量时，模型（5.11）存在双重门限效应，对应的门限值分别为 4.970 和 6.420；当政府创新偏好作为门限变量时，模型（5.11）的单一门限、双重门限以及三门限效应均未通过检验。

表 5 - 8　　　　　　　门限效应检验（中部）

门限变量	门限数	门限值	P 值	临界值			BS 次数
				10%	5%	1%	
LnDei	单门限效应	− 1.423	0.000	31.862	34.902	41.893	1 000
	双门限效应	− 0.742	0.180	20.728	23.423	25.264	1 000
	三门限效应	− 1.128	0.800	19.876	27.468	33.481	1 000

续表

门限变量	门限数	门限值	P 值	临界值			BS 次数
				10%	5%	1%	
	单门限效应	0. 149	0. 260	17. 754	26. 452	29. 997	1 000
Pre	双门限效应	0. 252	0. 500	19. 445	23. 128	36. 952	1 000
	三门限效应	0. 237	0. 740	14. 856	22. 072	40. 593	1 000
	单门限效应	6. 420	0. 000	21. 554	23. 626	33. 738	1 000
Eg	双门限效应	4. 970	0. 000	22. 707	23. 747	33. 458	1 000
	三门限效应	8. 195	0. 300	58. 423	61. 785	82. 386	1 000

第二，门限值检验。

进一步，由图 5 - 5 的门限一致性检验可知，各门限变量估计值对应的似然比统计量均低于 5% 水平下的临界值，表明门限值是有效的。

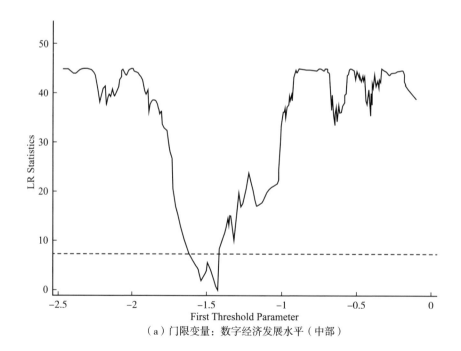

（a）门限变量：数字经济发展水平（中部）

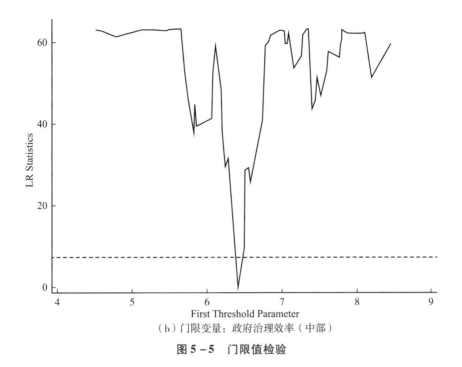

（b）门限变量：政府治理效率（中部）

图 5-5 门限值检验

第三，实证结果分析。

表 5-9 报告了中部地区分样本得到的面板门限模型回归结果。当数字经济发展水平作为门限变量时，随着数字经济发展水平迈过 -1.423 的门限值之后，数字经济对城市经济高质量发展的回归系数由 0.267 上升至 0.339，即数字经济对城市经济高质量发展存在"加速效应"。当政府治理效率作为门限变量时，数字经济对城市经济高质量发展的边际效应逐渐上升，说明中部地区政府治理效率的提高能够显著推动数字经济与城市经济高质量发展之间的正相关。

表 5 – 9 面板门限回归结果（中部）

变量	门限变量	
	Ln*Dei*	*Eg*
第一区间	0. 267 *** （20. 46）	0. 182 *** （13. 55）
第二区间	0. 339 *** （17. 67）	0. 255 *** （21. 76）
第三区间	—	0. 327 *** （18. 89）
Finadp	0. 222 *** （5. 24）	0. 179 *** （4. 06）
Pre	0. 954 *** （6. 86）	0. 623 *** （4. 36）
Ln*Rkmd*	− 0. 0546 （ − 1. 32）	− 0. 0169 （ − 0. 41）
Eg	0. 0339 *** （3. 16）	0. 0538 *** （5. 49）
Infra	0. 0990 *** （7. 63）	0. 100 *** （7. 78）
_*Cons*	− 1. 621 *** （ − 5. 95）	− 1. 926 *** （ − 7. 32）
obs	869	869
R^2	0. 863	0. 869

注： *** 、 ** 、 * 分别表示在1% 、5% 、10% 的显著性水平，括号内为 t 检验值，"—"表示空值。

（3）西部地区。

第一，门限效应检验。

表 5 – 10 报告了西部地区分样本得到的门限效应检验结果。当数字经济发展水平作为门限变量时，模型（5.11）的单一门限、双重门限以及三门限效应均未通过检验；当政府创新偏好和政府治理效率

作为门限变量时，模型（5.11）均存在单一门限效应，对应的门限值分别为 0.172 和 4.800。

表 5 - 10　　　　　　　　　门限效应检验（西部）

门限变量	门限数	门限值	P 值	临界值			BS 次数
				10%	5%	1%	
LnDei	单门限效应	− 1.543	0.280	15.973	20.030	30.758	1 000
	双门限效应	− 2.546	0.340	20.211	34.090	37.540	1 000
	三门限效应	− 0.482	0.700	24.423	28.355	35.184	1 000
Pre	单门限效应	0.172	0.000	10.212	17.668	18.650	1 000
	双门限效应	0.194	0.120	12.323	13.631	16.911	1 000
	三门限效应	0.133	0.680	13.594	17.101	20.344	1 000
Eg	单门限效应	4.800	0.020	17.367	26.526	49.887	1 000
	双门限效应	4.530	0.520	23.902	39.039	87.994	1 000
	三门限效应	6.260	0.920	18.530	22.444	25.654	1 000

第二，门限值检验。

图 5 - 6 报告了当政府创新偏好和政府治理效率作为门限变量时对应的门限值检验。可以看出政府创新偏好和政府治理效率的单一门限值对应的似然比统计量均小于 5% 水平下的临界值，说明门限值检验不拒绝原假设，即上述门限值的一致性检验通过。

第三，实证结果分析。

表 5 - 11 报告了西部地区分样本得到的面板门限回归结果。可以看出，当政府创新偏好作为门限变量时，随着政府创新偏好超过单一门限值 0.172 之后，数字经济发展水平的回归系数由 0.266 下降至 0.215，这表明随着政府创新偏好进入更高的发展阶段，数字经济对城市经济高质量发展的边际效应下降，这一结论与全样本的研究结论相悖，说明合理的科技研发支出有助于提升西部地区数字经济与城市

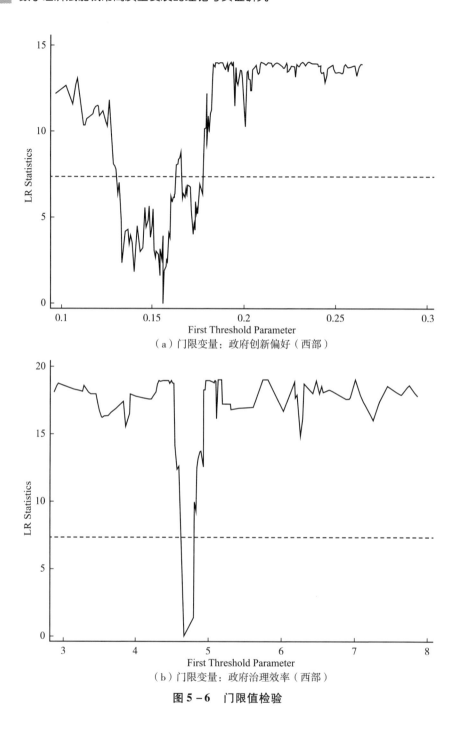

（a）门限变量：政府创新偏好（西部）

（b）门限变量：政府治理效率（西部）

图 5 - 6　门限值检验

经济高质量发展的正向效应，但是过度的创新投入反而可能导致资源的浪费，减弱数字经济与城市经济高质量发展的正向效应。当政府治理效率作为门限变量时，随着政府治理效率进入更高的阈值，数字经济对城市经济高质量发展的边际效应呈现出上升趋势，说明政府治理效率在促进数字经济与经济高质量发展正相关中具有重要的作用。

表 5 – 11　　　　　　　　　　面板门限回归结果（西部）

变量	门限变量	
	Pre	Eg
第一区间	0. 266 *** (18. 14)	0. 218 *** (15. 53)
第二区间	0. 215 *** (14. 60)	0. 269 *** (18. 70)
Finadp	0. 136 (1. 50)	0. 157 * (1. 75)
Pre	0. 957 *** (3. 66)	0. 520 ** (2. 26)
LnRkmd	− 0. 216 *** (− 6. 66)	− 0. 217 *** (− 6. 72)
Eg	0. 0544 *** (5. 37)	0. 0692 *** (6. 81)
Infra	0. 0542 *** (3. 53)	0. 0397 ** (2. 55)
_Cons	− 0. 884 *** (− 4. 45)	− 0. 873 *** (− 4. 42)
obs	847	847
R^2	0. 740	0. 715

注：*** 、** 、* 分别表示在 1% 、5% 、10% 的显著性水平，括号内为 t 检验值。

（4）东北地区。

第一，门限效应检验。

表5-12报告了东北地区分样本得到的门限效应检验结果。当数字经济发展水平作为门限变量时，模型（5.11）的单一门限、双重门限以及三门限效应均未通过检验；当政府创新偏好作为门限变量时，模型（5.11）存在单一门限效应，对应的门限值为0.122；当政府治理效率作为门限变量时，模型（5.11）同样存在单一门限效应，对应的门限值为6.840。

表5-12　　　　　　　　　门限效应检验（东北）

门限变量	门限数	门限值	P值	临界值			BS次数
				10%	5%	1%	
LnDei	单门限效应	-1.813	0.260	26.049	35.173	78.361	1 000
	双门限效应	-1.950	0.120	27.652	31.422	49.269	1 000
	三门限效应	-1.814	0.740	57.801	75.017	112.565	1 000
Pre	单门限效应	0.122	0.000	18.061	26.747	87.132	1 000
	双门限效应	0.126	0.120	30.637	40.112	66.879	1 000
	三门限效应	0.052	0.840	25.484	34.899	104.866	1 000
Eg	单门限效应	6.840	0.020	12.170	15.844	18.787	1 000
	双门限效应	6.810	0.200	10.135	15.502	35.544	1 000
	三门限效应	6.060	0.540	10.779	11.947	16.867	1 000

第二步，门限值检验。

进一步地，对上述门限值的一致性进行检验。图5-7为门限值检验对应的似然比函数图，可以看出各门限值对应的似然比统计量均小于5%的临界值，表明上述各门限变量对应的门限值是有效的。

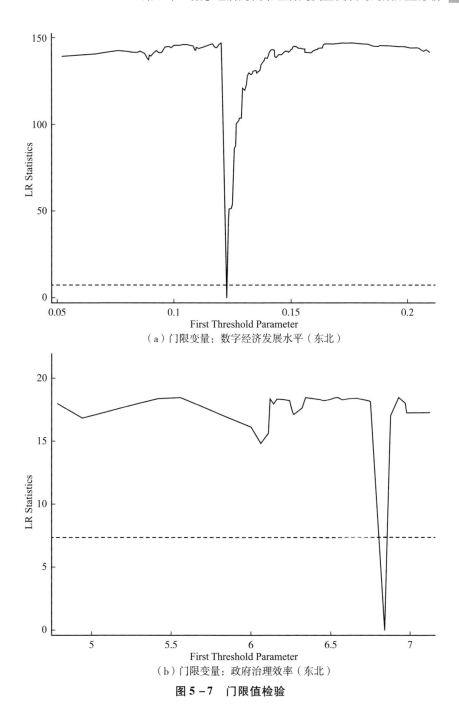

（a）门限变量：数字经济发展水平（东北）

（b）门限变量：政府治理效率（东北）

图 5 - 7　门限值检验

第三，实证结果分析。

表5-13报告了东北地区分样本得到的面板门限模型回归结果。当政府创新偏好作为门限变量时，随着政府创新偏好跨过0.122的门限值之后，数字经济对城市经济高质量发展的回归系数由0.161下降到0.079，这一研究结论与西部地区分样本得到的回归结果相似，说明西部以及东北等经济欠发达地区的科技创新能力相对滞后，对科技人才等创新资源的接纳程度有限，应科学合理地提高对科技创新的财政投入，避免过度投入带来的创新资源浪费，最大限度地提高创新要素的价值产出。当政府治理效率作为门限变量时，随着政府治理效率跨过6.840的门限值之后，数字经济对城市经济高质量发展的边际效应呈现出下降趋势，即政府治理效率在影响数字经济与城市经济高质量发展正相关中的功效会减弱。

表5-13　　　　　　　　　　面板门限回归结果（东北）

变量	门限变量	
	Pre	Eg
第一区间	0.161 *** (5.41)	0.555 *** (12.17)
第二区间	0.079 *** (3.54)	0.486 *** (10.96)
Finadp	−0.104 (−1.04)	0.105 * (1.75)
Pre	−0.519 (−1.64)	0.427 *** (2.72)
LnRkmd	−0.182 * (−1.84)	−0.205 *** (−3.56)
Eg	0.0945 *** (3.69)	0.084 *** (6.23)
Infra	0.0143 (0.64)	0.0004 (0.03)

变量	门限变量	
	Pre	*Eg*
_Cons	− 1.061 * (− 1.86)	− 1.420 *** (− 4.50)
obs	363	363
R^2	0.540	0.799

注：*** 、** 、* 分别表示在1%、5%、10%的显著性水平，括号内为 t 检验值。

5.4.3　城市等级差异

由第 4 章的特征事实描述可知，直辖市、副省级城市、省会城市以及计划单列市等非普通城市的数字经济发展水平相对较高，而普通地级市的数字经济发展水平相对较低。为进一步探索由城市等级差异带来的异质性影响，本章将直辖市、省会城市、副省级城市以及计划单列市设定为非普通城市①，将其余城市设定为普通城市进行分样本回归。

（1）普通城市

第一，门限效应检验。

表 5 - 14 报告了普通城市分样本得到的门限效应检验结果。当数字经济发展水平和政府创新偏好作为门限变量时，模型（5.11）均存在单一门限效应，对应的门限值分别为 − 1.488 和 0.156。当政府治理效率作为门限变量时，模型（5.11）存在双重门限效应，对应的门限值分别为 4.940 和 6.180。

---

① 非普通城市：北京、上海、天津、重庆、石家庄、太原、呼和浩特、沈阳、大连、长春、哈尔滨、南京、杭州、宁波、合肥、福州、厦门、济南、青岛、南昌、郑州、武汉、长沙、广州、深圳、南宁、海口、成都、贵阳、昆明、西安、兰州、西宁、银川、乌鲁木齐。

表 5 – 14　　　　　　　　门限效应检验（普通城市）

门限变量	门限数	门限值	P 值	临界值			BS 次数
				10%	5%	1%	
LnDei	单门限效应	– 1. 488	0. 000	36. 029	38. 228	39. 823	1 000
	双门限效应	– 0. 726	0. 540	34. 383	38. 290	41. 105	1 000
	三门限效应	– 0. 419	0. 860	26. 301	31. 410	34. 096	1 000
Pre	单门限效应	0. 156	0. 000	16. 899	28. 981	51. 574	1 000
	双门限效应	0. 120	0. 600	21. 278	27. 145	33. 058	1 000
	三门限效应	0. 126	0. 420	49. 106	58. 425	101. 529	1 000
Eg	单门限效应	4. 940	0. 000	22. 062	24. 107	45. 742	1 000
	双门限效应	6. 180	0. 020	24. 970	28. 024	32. 989	1 000
	三门限效应	8. 330	0. 580	52. 898	60. 479	65. 771	1 000

第二步，门限值检验。

进一步地，对上述门限值的一致性进行检验。图 5 – 8 为门限值检验对应的似然比函数图，结果显示各门限值对应的似然比统计量均小于 5% 的临界值，表明上述各门限变量对应的门限值是有效的。

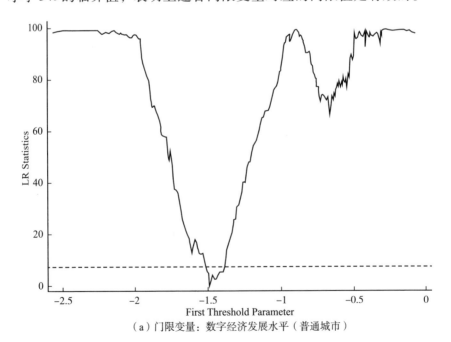

（a）门限变量：数字经济发展水平（普通城市）

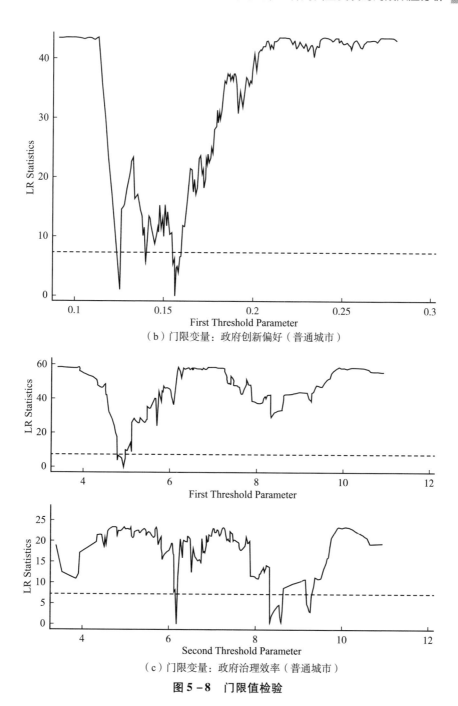

（b）门限变量：政府创新偏好（普通城市）

（c）门限变量：政府治理效率（普通城市）

图 5 - 8　门限值检验

第三，实证结果分析。

表5-15报告了普通城市分样本得到的面板门限模型回归结果。

表5-15 面板门限回归结果（普通城市）

变量	门限变量		
	LnDei	Pre	Eg
第一区间	0. 226 *** (32. 56)	0. 221 *** (32. 05)	0. 186 *** (25. 00)
第二区间	0. 277 *** (25. 43)	0. 180 *** (21. 96)	0. 229 *** (34. 47)
第三区间	—	—	0. 206 *** (27. 01)
Finadp	0. 218 *** (6. 18)	0. 0984 *** (2. 92)	0. 106 *** (3. 23)
Pre	0. 608 *** (5. 87)	0. 887 *** (7. 80)	0. 642 *** (6. 43)
LnRkmd	− 0. 144 *** (− 7. 72)	− 0. 139 *** (− 7. 41)	− 0. 149 *** (− 8. 32)
Eg	0. 0596 *** (11. 57)	0. 0689 *** (13. 66)	0. 0693 *** (14. 43)
Infra	0. 0621 *** (7. 58)	0. 0708 *** (8. 65)	0. 0624 *** (7. 97)
_Cons	− 1. 278 *** (− 10. 97)	− 1. 435 *** (− 12. 34)	− 1. 346 *** (− 12. 13)
obs	2629	2629	2629
R^2	0. 759	0. 755	0. 771

注：*** 、** 、* 分别表示在1%、5%、10%的显著性水平，括号内为 t 检验值，"—"表示空值。

由表5-15可知，当数字经济发展水平作为门限变量时，随着数字经济发展水平迈过 −1. 488 的临界值之后，数字经济的估计系数由

0.226 上升至 0.277，说明数字经济对普通城市经济高质量发展的正向效应同样存在边际效应递增趋势，进一步表明数字经济对普通城市经济高质量发展的重要意义。当政府创新偏好作为门限变量时，随着政府创新偏好超过 0.156 的临界值之后，数字经济对城市经济高质量发展的边际效应呈现出下降趋势，这一研究结论与西部和东北地区分样本得到的回归结果相似。这说明对普通城市而言，合理地加大政府对教育和科技创新的投入力度有助于提高数字经济与城市经济高质量发展的正向效应，但是过度的财政投入同样可能导致创新资源的冗余和浪费，进而降低数字经济与城市经济高质量发展的正向效应。当政府治理效率作为门限变量时，数字经济对城市经济高质量发展的边际效应呈现出先上升后下降的倒"U"型趋势，这一结论与全样本的研究结论相似，即随着政府治理效率的不断提升，政府治理效率对增强数字经济与城市经济高质量发展正向效应的功效将逐渐下降。

（2）非普通城市。

第一，门限效应检验。

表 5-16 报告了非普通城市分样本得到的门限效应检验结果。当数字经济发展水平作为门限变量时，模型（5.11）存在单一门限效应，对应的门限值是 0.306。当政府治理效率作为门限变量时，模型（5.11）存在单一门限效应，对应的门限值为 9.970。

表 5-16　　　　　　　　门限效应检验（非普通城市）

门限变量	门限数	门限值	P 值	临界值			BS 次数
				10%	5%	1%	
LnDei	单门限效应	0.306	0.040	29.370	31.715	40.825	1 000
	双门限效应	0.428	0.300	15.603	17.574	19.965	1 000
	三门限效应	−0.204	0.860	27.949	30.130	33.526	1 000

续表

门限变量	门限数	门限值	P 值	临界值			BS 次数
				10%	5%	1%	
Pre	单门限效应	0.262	0.260	11.300	18.277	77.631	1 000
	双门限效应	0.115	0.280	12.767	20.335	54.654	1 000
	三门限效应	0.218	0.360	15.197	33.353	46.387	1 000
Eg	单门限效应	9.970	0.030	23.210	33.918	49.286	1 000
	双门限效应	10.560	0.320	21.116	30.398	41.637	1 000
	三门限效应	4.670	0.420	32.053	50.516	57.632	1 000

第二步，门限值检验。

进一步地，对上述门限值的一致性进行检验。图 5 – 9 为门限值检验对应的似然比函数图，可以看出各门限值对应的似然比统计量均小于 5% 的临界值，表明上述各门限变量对应的门限值是有效的。

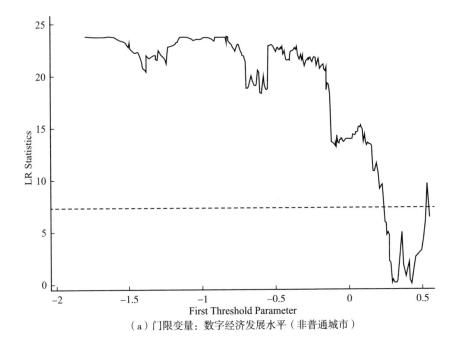

（a）门限变量：数字经济发展水平（非普通城市）

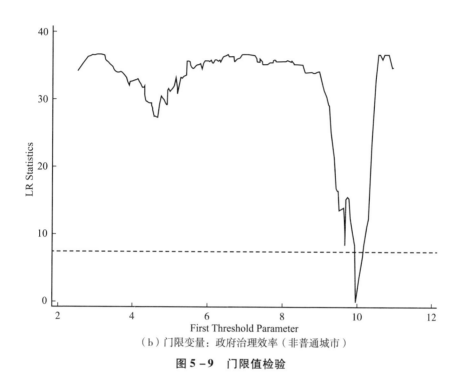

（b）门限变量：政府治理效率（非普通城市）

图 5 - 9　门限值检验

第三，实证结果分析。

表 5 - 17 报告了非普通城市分样本得到的面板门限模型回归结果。当数字经济发展水平作为门限变量时，随着数字经济发展水平进入更高的阈值，数字经济对城市经济高质量发展的边际效应呈现出递增趋势，论证了数字经济与城市经济高质量发展之间的正相关。当政府治理效率作为门限变量时，数字经济对城市经济高质量发展的边际效应呈现出上升趋势，同样表明了政府治理效率在经济高质量发展进程中的重要性，这一研究结论与前文相似。

表 5 – 17　　　　　　　　面板门限回归结果（非普通城市）

变量	门限变量	
	LnDei	Eg
第一区间	0.248 *** （13.34）	0.264 *** （13.22）
第二区间	0.502 *** （9.53）	0.531 *** （8.76）
Finadp	– 0.0717 （– 1.06）	– 0.0701 （– 1.03）
Pre	0.970 *** （4.27）	0.936 *** （4.08）
LnRkmd	0.103 ** （2.36）	0.0848 * （1.89）
Eg	0.0389 *** （3.74）	0.0338 *** （3.12）
Infra	0.0268 （0.89）	0.0364 （1.19）
_Cons	– 1.947 *** （– 6.10）	– 1.819 *** （– 5.51）
obs	385	385
R^2	0.826	0.789

注：***、**、* 分别表示在 1%、5%、10% 的显著性水平，括号内为 t 检验值。

5.5　本章小结

本章基于 2009～2020 年中国 274 座城市的面板数据，使用面板门限模型实证考察了数字经济与城市经济高质量发展之间的非线性关系，得到如下结论：

第一，数字经济能够显著促进城市经济高质量发展，且随着数字经济发展水平的不断提升，其对城市经济高质量发展的边际效应呈现出上升趋势，这表明数据要素与其他生产要素的融合能够带来规模报酬递增（或非递减）的作用效果。由变量的统计描述可知，当前我国一半以上的城市未达到数字经济发展较高水平，即数字经济对城市经济高质量发展仍存在较大的上升空间，进一步验证了第 4 章直辖市、省会城市、副省级城市等头部城市数字经济发展水平较高，而中西部以及东北地区普通城市数字经济发展水平相对滞后的特征事实。

第二，当政府创新偏好作为门限变量时，数字经济对城市经济高质量发展存在"加速效应"，即随着政府对教育和科技创新支持力度的不断加大，数字经济对城市经济高质量发展的边际效应呈现出递增趋势。但是当政府治理效率作为门限变量时，数字经济对城市经济高质量发展存在先"加速"后"收敛"的倒"U"型变动趋势，这说明当政府治理效率发展到一定程度之后，政府治理效率在影响数字经济与经济高质量发展正相关中的功效将逐渐减弱。

第三，由区位异质性检验可知，对西部、东北地区以及普通城市而言，科学合理的创新研发投入有助于提高数字经济与城市经济高质量发展的正向效应，而过度的创新研发投入可能导致创新资源的冗余和浪费，降低数字经济与城市经济高质量发展的正向效应。此外，对普通城市而言，政府治理效率在影响数字经济与城市经济高质量发展正相关中的功效同样表现出先上升后下降的倒"U"型趋势。

第 6 章

数字经济对城市经济高质量
发展的空间溢出效应检验

由第 2 章的理论分析可知，数字经济对经济高质量发展可能存在空间溢出效应，即数字经济不仅有助于推动本地区经济高质量发展，对邻近地区的经济高质量发展同样存在促进作用。然而已有研究主要从省级层面展开，且主要考察数字经济的空间效应，忽视了时间效应的影响。在此基础上，本章利用静态和动态空间计量模型论证分析数字经济与城市经济高质量发展之间的空间溢出效应，并进一步从区位特征差异和阶段性特征差异进行异质性检验。

6.1 模型构建

6.1.1 空间计量模型简介

传统的经济计量模型假定变量之间是相互独立的，然而在现实的经济社会中，各经济体之间存在着广泛的联系。相较于普通的面板数据模型，空间面板数据模型同时考虑了个体异质性特征和个体的空间相关性。空间计量模型，简而言之就是将空间效应纳入经典的经济计量模型中进行经济计量分析。城市之间的经济联动性以及数字经济发展可能产生的空间特征使得有必要进一步考察数字经济与城市经济高质量发展之间的空间外溢效应。当前，学者们主要使用的空间计量模型包含以下三种：

其一，空间滞后模型（spatial lag model，简称 SLM 模型）。空间滞后模型是指在经典的经济计量模型中添加因变量的空间自相关项，因此空间滞后模型主要可以测度邻近地区经济行为变动对本地区经济行为的影响。具体的模型设定如式（6.1）所示：

$$Y = \rho WY + X\beta + \varepsilon \tag{6.1}$$

其中，Y 是因变量，X 是自变量，ρ 为空间自回归系数，β 是模型的待估计参数，W 是空间权重矩阵，ε 是指满足独立同分布的误差项，即 $\varepsilon \sim N(0, \sigma^2 I)$，$I$ 是 n 阶单位矩阵。

其二，空间误差模型（spatial error model，简称 SEM 模型）。空间误差模型是指在经典的经济计量模型中添加误差项的空间滞后因子，该模型适用于考察地区之间的相互作用体现在遗漏变量或不可观测的随机冲击上。具体的模型设定如式（6.2）所示：

$$Y = X\beta + \mu \quad \mu = \varphi W\mu + \varepsilon \tag{6.2}$$

其中，Y 是因变量，X 是自变量，φ 代表误差项的空间自相关系数，W 是空间权重矩阵，μ 为具有空间相关结构的随机扰动项，ε 是服从独立同分布的扰动项。

其三，空间杜宾模型（spatial durbin model，简称 SDM 模型）。空间杜宾模型是指在经典的经济计量模型中添加因变量和自变量的空间滞后因子的回归模型。相较于空间滞后模型和空间误差模型，空间杜宾模型能够同时测度由内生和外生带来的空间交互效应。模型设定如式（6.3）所示：

$$Y = \rho WY + X\beta + WX\theta + \varepsilon \tag{6.3}$$

其中，Y 是因变量，X 是自变量，W 是空间权重矩阵，ε 是服从独立同分布的扰动项，θ 为自变量空间滞后因子的回归系数。由于空间相关性和空间异质性的存在使得研究样本已不满足独立同分布假设，如果采用最小二乘法等经典的经济计量模型估计方法对空间计量模型进行参数估计无疑可能产生偏误。当前，学者们对空间计量模型的估计方法主要选用参数估计和非参数估计两种方法，而参数估计方法主要有极大似然估计（MLE）、工具变量法/两阶段最小二乘法（IV/2SLS），以及广义矩估计（GMM）。其中，极大似然估计法的应用相对更为广泛。本章主要采用极大似然法（MLE）对空间计量模型进行估计。

6.1.2 实证模型构建

为考察数字经济对城市经济高质量发展的空间溢出效应，本章首先构建了如下包含所有空间效应的一般性广义嵌套模型（GNSM）。

$$\text{Ln}Qua_{i,t} = \alpha + \rho \sum_{j=1,j\neq i}^{N} W_{i,j}\text{Ln}Qua_{j,t} + \beta X_{i,t} + \theta \sum_{j=1,j\neq i}^{N} W_{i,j}X_{j,t}$$
$$+ v_i + u_t + \varepsilon_{i,t} \tag{6.4}$$

$$\varepsilon_{i,t} = \psi \sum_{j=1,j\neq i}^{N} W_{i,j}\varepsilon_{j,t} + \mu_{i,t} \tag{6.5}$$

其中，$\text{Ln}Qua$ 表示城市经济高质量发展水平，X 表示数字经济发展水平（$\text{Ln}Dei$）和其他控制变量，α 为常数项，ρ 和 ψ 分别为空间自回归系数与空间误差系数，如果 $\rho \neq 0$、$\theta = 0$、$\psi = 0$，则为空间滞后模型（SLM），该模型可以测度由内生空间交互作用产生的空间外溢效应；如果 $\rho = 0$、$\theta = 0$、$\psi \neq 0$，则为空间误差模型（SEM），该模型可以测度由随机过程产生的空间溢出效应；如果 $\rho \neq 0$、$\theta \neq 0$、$\psi = 0$，则为空间杜宾模型（SDM），可测度同时包含内生与外生的空间交互效应；如果 $\rho = 0$、$\theta = 0$、$\psi = 0$，则为经典的 OLS 回归模型。

W 为空间权重矩阵，在本节中表示为 $N \times N$ 矩阵（N 为城市数目，即 $N = 274$），用以反映空间上研究个体之间的空间依存度和作用描述，ρ 为空间自回归系数，用来衡量城市经济高质量发展的互动特征。若 $\rho > 0$，表示城市之间的经济高质量发展存在"竞向驱优"效应；反之，若 $\rho < 0$，表示城市之间的经济高质量发展存在"以邻为壑"效应。此外，考虑到静态空间计量模型仅考虑了空间滞后效应，忽视了时间效应，即没有考虑回归元对回归子由于时间滞后带来的影响，但是在现实的经济系统中，数字经济对经济高质量发展的功效很难在短时间内全部完成，而是需要通过一段时间的"积累"才能更好地释放其对经济高质量发展的作用。基于此，本章构建动态空间计量模型，不仅能够将空间滞后效应和时间滞后效应同时纳入模型中，还能够有效弱化内生性问题。本章借鉴埃尔霍斯特（Elhorst，2012）[191] 的研究，构建如下包含动态效应的 SDM 模型，具体的模型设定如下：

$$
\begin{aligned}
\mathrm{Ln}Qua_{i,t} = {} & \alpha + \varphi \mathrm{Ln}Qua_{i,t-1} + \zeta \sum_{j=1,j\neq i}^{N} W_{i,j} \mathrm{Ln}Qua_{j,t-1} + \rho \sum_{j=1,j\neq i}^{N} W_{i,j} \mathrm{Ln}Qua_{j,t} \\
& + \beta X_{i,t} + \theta \sum_{j=1,j\neq i}^{N} W_{i,j} X_{j,t} + \upsilon_i + u_t + \varepsilon_{i,t}
\end{aligned} \tag{6.6}
$$

其中，φ 代表时间滞后效应的弹性系数，ζ 代表时空双重滞后效应的弹性系数。

关于空间权重矩阵（W）的设定，已有文献主要从邻接权重、地理权重和经济权重等三个维度进行构建。邻接权重矩阵是最常见的空间矩阵形式之一，该矩阵是根据研究样本是否在地理空间上存在相邻关系进行设定，若两个区域之间相邻，则赋值为 1，反之，则赋值为 0。该空间权重矩阵的一个重要缺陷在于和现实经济情况并不完全相符，例如广州市与上海市并不相邻，但这并不能说明广州市与上海市没有经济联系。地理权重矩阵是根据研究样本之间的地理距离作为衡量个体之间联系程度的空间权重形式，具体的数学表达式可设定为：$W_d = 1/d_{ij}$，其中 d_{ij}（$i \neq j$）是根据经纬度计算得到的区域 i 和区域 j 的球面距离。经济权重矩阵是根据研究样本之间的经济行为作为衡量

个体之间联系程度的空间权重形式，其具体的数学表达式可设定为 $W_e = 1/|\overline{Q}_i - \overline{Q}_j|$。其中，$\overline{Q}_i$ 和 $\overline{Q}_j$ 分别为研究期内（本文的 2009 ~ 2020 年）人均实际 GDP 的均值。考虑到在数字经济时代，城市之间的空间关联并非仅来自地理上的联系，还可能来自经济上的联系，为更好地体现城市之间受空间地理距离和经济行为的影响，本节构建经济与地理嵌套矩阵，其数学表达式为：$W = \phi W_d + (1 - \phi) W_e$。其中，$\phi$ 表示地理距离矩阵的权重，$(1 - \phi)$ 表示经济距离矩阵的权重。关于 ϕ 值的设定，本章借鉴邵帅等（2016）[192] 研究将其设定为 0.5。

6.2　变量指标选择与数据说明

（1）被解释变量

经济高质量发展水平（Qua）。使用第 4 章测算得到的城市经济高质量发展指数值进行衡量，同理借鉴第 5 章的研究对经济高质量发展指数值进行对数化处理。

（2）核心解释变量

数字经济发展水平（Dei）。使用第 4 章测算得到的数字经济发展指数值进行衡量，同样借鉴第 5 章的研究对数字经济发展指数值进行对数化处理。

（3）控制变量

为控制城市层面的统计特征变量对经济高质量发展的影响，本章借鉴第 5 章的研究选取以下变量作为控制变量：财政分权度（$Finadp$）、政府创新偏好（Pre）、人口密度（$LnRkmd$）、政府治理效率（Eg）以及基础设施（$Infra$）。各变量的数据来源及具体的计算方法见第 5 章，变量的描述性统计见表 5 - 1。

6.3　实证结果分析

6.3.1　空间相关性分析

在进行实证分析之前，首先对 2009 ~ 2020 年中国城市经济高质量发展水平的 Moran's I 指数进行测算，计算方法见式（6.7）。

$$Moran's\ I = \frac{n}{\sum\limits_{i=1}^{n}\sum\limits_{j=1}^{n}W_{ij}} \times \frac{\sum\limits_{i=1}^{n}\sum\limits_{j=1}^{n}W_{ij}(X_i - \overline{X})(X_j - \overline{X})}{\sum\limits_{i=1}^{n}(X_i - \overline{X})^2} \tag{6.7}$$

其中，n 为地区总数，X_i 为区域 i 的样本观测值，W_{ij} 表示行标准化后的经济与地理嵌套矩阵。Moran's I 指数的取值范围介于 -1 到 1。如果 Moran's I 值大于 0 表示该经济变量在全域空间上存在正相关，小于 0 表示具有负相关，越接近于 0 表示观测值在空间上服从随机分布，即不具有空间相关性。

表 6 - 1 报告了观测期内城市经济高质量发展的全局自相关分析结果。结果显示，城市经济高质量发展 Moran's I 指数的取值范围在 0.259 ~ 0.454，且均通过了 1% 的显著性水平检验，说明我国城市经济高质量发展存在显著的空间关联性，即经济高质量发展指数值较高的城市被高质量发展指数值较高的城市包围，或者经济高质量发展指数值较低的城市被高质量发展指数值较低的城市包围。从整体层面来看，随着时序的推移，城市经济高质量发展 Moran's I 指数大体上呈现出逐渐下降的趋势，说明城市经济高质量发展存在一定的差异性和不确定性，城市经济高质量发展在空间上的集聚趋势逐渐弱化。

表6－1　　　　　　　城市经济高质量发展 Moran's I 指数

年份	I	Z	P
2009	0.454	15.813	0.000
2010	0.423	11.888	0.000
2011	0.420	14.697	0.000
2012	0.433	15.137	0.000
2013	0.413	14.512	0.000
2014	0.417	14.607	0.000
2015	0.406	14.212	0.000
2016	0.380	13.286	0.000
2017	0.284	10.255	0.000
2018	0.318	11.457	0.000
2019	0.277	9.961	0.000
2020	0.259	9.337	0.000

　　进一步地，使用 Moran 散点图对城市经济高质量发展局部空间自相关性进行分析，结果如图6－1所示（限于篇幅，本节仅报告了2009年、2012年、2017年和2020年的 Moran 散点图）。由2009年 Moran 散点图可以看出，落在四个象限的城市数量各不相同，其中落在第Ⅲ象限和第Ⅰ象限的城市最多，而落在第Ⅱ象限和第Ⅳ象限的城市相对较少，说明我国城市经济高质量发展的空间分布表现出了相对明显的"高值—高值"和"低值—低值"的集聚特征。到了2020年，虽然落在第Ⅲ象限和第Ⅰ象限的城市仍相对较多，但是落在第Ⅱ象限和第Ⅳ象限的城市数量明显增多，呈现出了"高值—低值"集聚的趋势。从整体上看，中国城市经济高质量发展呈现出明显的空间相互依赖性和空间集聚性。

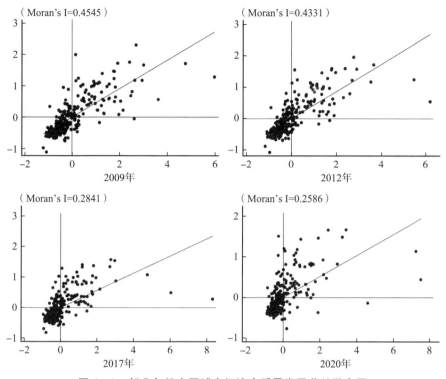

图 6 - 1　部分年份中国城市经济高质量发展莫兰散点图

6.3.2　回归结果分析

在空间相关性分析的基础上，需要进一步选择合适的计量模型对数字经济影响城市经济高质量发展的空间效应进行深入分析。空间计量模型的选择次序如下：第一步，对不包含空间效应的模型进行 OLS 回归，通过拉格朗日乘数（LM）及相应的稳健统计量（R－LM）来判别是采用空间滞后模型还是空间误差模型。第二步，如果第一步验证了存在空间效应，则需要根据"一般利具体"的检验思路估计空间杜宾模型，并采用似然比检验（LR）判别空间杜宾模型存在时间固定效应或空间固定效应。第三步，使用 Hausman 检验判断空间杜宾模型是使用固定效应还是随机效应。第四步，使用 LR 或 Wald 检验判别空间杜宾模型是否会退化到空间滞后模型或空间误差模型。其原假设为：$H_0^1: \theta = 0$ 和 $H_0^2: \theta + \rho\beta = 0$，若两个原假设均被拒绝，则使用空间杜宾模型估计空间面板模型最优。检验结果见表 6 – 2。

表 6 – 2　　　　　　　　　　　　模型检验结果

检验方法	检验统计量结果	P 值
Lm – Lag	25.992	0.000
RobustLm – Lag	11.090	0.001
Lm – Error	52.915	0.000
RobustLm – Error	38.014	0.000
LR – SDM – SEM	324.44	0.000
LR – SDM – SAR	163.26	0.000
LR – both – time	4 270.09	0.000
LR – both – ind	144.10	0.000
Hausman	298.27	0.000

表 6 – 2 报告了空间计量模型选择的检验结果。首先，LM – Lag、Robust LM – Lag、LM – Error、Robust LM – Error 均通过了 1% 的显著性水平，因此可以选择空间计量模型进行实证分析。其次，由 LR 似然比检验可以看出其统计量均通过了 1% 的显著性水平检验，说明空间杜宾模型比空间滞后模型以及空间误差模型更适合进行实证分析，并且 LR 检验显示存在个体效应和时间效应。最后，Hausman 检验表明，应选择固定效应模型。基于此，本章选择在地理与经济嵌套矩阵中使用时间和空间双重固定效应的空间杜宾模型进行回归分析，回归结果如表 6 – 3 所示。

表 6 – 3　　　　　　　　　　　模型估计结果

变量	具有固定效应的普通面板模型	具有固定效应的非动态 SDM	具有固定效应的动态 SDM
	（1）	（2）	（3）
$\mathrm{Ln}Qua_{t-1}$	—	—	0. 483 *** （30. 24）
$W \times \mathrm{Ln}Qua_{t-1}$	—	—	0. 165 *** （3. 18）
$\mathrm{Ln}Dei$	0. 130 *** （4. 17）	0. 0371 ** （2. 53）	0. 0357 ** （2. 55）
ρ	—	0. 151 *** （4. 28）	0. 0231 （0. 60）
$W \times \mathrm{Ln}Dei$	—	0. 302 *** （9. 15）	0. 0789 ** （2. 32）
控制变量	控制	控制	控制
城市固定效应	控制	控制	控制
时间固定效应	控制	控制	控制
Log-likehood	—	3 025. 905	3 309. 609
obs	3 288	3 288	3 014
R^2	0. 828	0. 807	0. 857

注：***、**、* 分别表示在 1%、5%、10% 的显著性水平，括号内为 t 检验值，"—"表示空值，限于篇幅其他控制变量的估计结果未予以报告。

为了便于比较和检验，表 6 – 3 分别报告了具有双重固定效应下的普通面板模型、静态 SDM 模型以及动态 SDM 模型的回归结果。由第（2）列静态空间杜宾模型的估计结果可知，城市经济高质量发展的空间滞后系数 ρ 在 1% 的水平上显著为正，这表明将空间效应引入普通面板模型中是合理的。第（3）列报告了动态空间杜宾模型的回归结果，相较于静态空间杜宾模型，动态空间杜宾模型的 $\mathrm{Log}L$ 值和拟合优度 R^2 更高，说明采用既有空间相关性，又有时间相关性的动态空间杜宾模型进行实证分析更为合理。由表 6 – 3 第（3）列可知，城市经济高质量发展滞后一期的回归系数为 0.483，在 1% 的水平上显著，说明城市经济高质量发展存在明显的惯性效应，即上一期的城市经济高质量发展成果对本期的经济高质量发展具有同向作用效果。上一期城市经济高质量发展空间滞后项的回归系数为 0.165，且通过了 1% 的显著性水平，说明周边邻近城市的经济高质量发展不仅与本地城市经济高质量发展在时间上具有显著的惯性效应，而且在空间上存在明显的扩散效应，即邻近城市上一期经济高质量发展的做法会对本地城市产生"示范效应"。本地城市经济高质量发展的政策调整会将邻近城市作为"榜样"，通过模仿和学习促进本地城市的经济高质量发展水平提升。

进一步地，考虑到"空间溢出效应"不同于传统意义上的"空间效应"，其不仅受内生交互效应的影响，同时还受外生交互效应的影响，如果直接采用估计系数解释数字经济与城市经济高质量发展之间的关系可能会产生错误的结论，且动态空间杜宾模型包含了因变量及其滞后一期的空间滞后项，因此动态 SDM 模型测度的空间溢出效应是全局效应，埃尔霍斯特[191]指出，当模型中包含全局效应时，空间计量模型的点估计值无法表征核心解释变量的弹性效应，需要进一步将解释变量的总效应分解为直接效应和间接效应。此外，由于动态空间杜宾模型还包含了因变量的滞后一期及空间滞后项，因此解释变量的直接效应和间接效应又可以区分为长期效应和短期效应。表 6 - 4 报告了在地理与经济距离嵌套矩阵下数字经济对城市经济高质量发展总效应的分解结果。

表 6 - 4 显示，数字经济对城市经济高质量发展的短期直接影响和长期直接影响均显著为正，且相较于短期直接效应而言，数字经济长期效应回归系数的绝对值更大，表明数字经济的功效存在时间上的滞后，从长期来看，数字经济对城市经济高质量发展的促进作用更大。进一步地，数字经济对城市经济高质量发展的短期间接效应和长期间接效应的回归系数分别为 0.0777 和 0.236，分别在 5% 和 1% 的

水平上显著，说明数字经济不仅会促进本地城市经济高质量发展，同样也会促进邻近城市的经济高质量发展，且相较于短期间接效应，数字经济的长期积累对城市经济高质量发展的空间溢出效应更强。

表 6 – 4　　数字经济对城市经济高质量发展空间溢出效应的分解结果

变量	短期直接效应	短期间接效应	长期直接效应	长期间接效应
LnDei	0. 0369 *** (2. 73)	0. 0777 ** (2. 39)	0. 0781 *** (3. 04)	0. 236 *** (2. 75)
Finadp	0. 0404 (1. 59)	− 0. 0889 (− 1. 29)	0. 0723 (1. 46)	− 0. 206 (− 1. 11)
Pre	0. 413 *** (5. 81)	0. 353 * (1. 72)	0. 834 *** (5. 98)	1. 264 ** (2. 21)
LnRkmd	− 0. 187 *** (− 22. 34)	− 0. 0354 (− 1. 30)	− 0. 363 *** (− 22. 30)	0. 0523 (0. 66)
Eg	0. 0120 *** (3. 08)	− 0. 0245 ** (− 2. 02)	0. 0216 *** (2. 78)	− 0. 0562 * (− 1. 67)
Infra	0. 0275 *** (4. 85)	− 0. 0077 (− 0. 49)	0. 0533 *** (4. 75)	0. 0007 (0. 02)

注：*** 、** 、* 分别表示在 1% 、5% 、10% 的显著性水平，括号内为 t 检验值。

控制变量中，各变量指标的长期效应基本上都要大于短期效应，说明包括数字经济发展在内的解释变量通过长期积累对城市经济高质量发展的影响更大，效果更明显。具体而言，政府创新偏好的直接效应显著为正，说明本地政府创新偏好的提高能够显著推动城市经济高质量发展，这与前文的研究结果相似，短期间接效应不显著为正，长期间接效应显著为正，说明本地政府对教育和科技创新投入力度的加大在短期内无法对邻近城市形成正向促进作用，只有通过长期积累才会对周边邻近城市带来明显的溢出效应。政府治理效率的直接效应显著为正，说明政府与市场关系的健康发展有助于促进城市经济高质量发展，其短期间接效应和长期间接效应显著为负，可能的原因是本地政府治理效率的提高会对周边邻近城市的优质资源形成一种"虹吸效应"，将邻近城市的优质要素吸引到本地，从而对邻近城市的经济高质量发展产生抑制作用。基础设施建设的直接效应均显著为正，说明基础设施建设有助于促进城市经济高质量发展，但是短期和长期间接效应的回归系数在统计水平上均不显著，说明本地城市基础设施建设的完善无法对周边邻近城市的经济高质量发展形成正向的溢出效应。

6.4 稳健性检验

遵从前文关于稳健性检验的思路，分别从内部有效性和外部有效性两个视角出发进行稳健性检验。关于模型的内部有效性检验，主要采取以下两种方法进行验证：一是将空间杜宾模型更换为空间滞后模型进行回归分析；二是将前文使用的经济与地理嵌套矩阵更换为邻接空间权重矩阵重新进行回归分析。关于模型的外部有效性，主要采用以下两种方法进行验证：一是借鉴第 4 章的研究将全样本划分为东部、中部、西部以及东北四大经济板块进行区位特征差异检验；二是考虑经济发展的阶段性特征差异对二者之间关系的影响。

6.4.1 更换空间计量模型

表 6 - 5 第（1）~（2）列分别报告了时空双固定效应下的非动态空间滞后模型与动态空间滞后模型的回归结果。城市经济高质量发展滞后一期的回归系数为 0.472，在 1% 的水平上显著，且上一期城市经济高质量发展空间滞后项的估计系数为 0.187，通过了 1% 的显著性水平，同样表明我国城市经济高质量发展在时间维度上具有惯性效应，在空间维度上具有扩散效应。

表 6 – 5   稳健性检验结果

变量	具有固定效应的非动态 SLM	具有固定效应的动态 SLM	具有固定效应的非动态 SDM	具有固定效应的动态 SDM
	（1）	（2）	（3）	（4）
$\mathrm{Ln}Qua_{t-1}$	—	0. 472 *** （29. 27）	—	0. 468 *** （30. 10）
$W \times \mathrm{Ln}Qua_{t-1}$	—	0. 187 *** （4. 05）	—	0. 0558 ** （1. 98）
$\mathrm{Ln}Dei$	0. 108 *** （8. 29）	0. 0407 *** （2. 63）	0. 124 *** （10. 02）	0. 0379 *** （3. 04）
rho	0. 269 *** （8. 75）	0. 0065 （0. 18）	0. 273 *** （12. 49）	0. 188 *** （7. 90）
$W \times \mathrm{Ln}Dei$	—	—	0. 033 ** （2. 01）	0. 0156 （0. 91）
控制变量	控制	控制	控制	控制
城市固定效应	控制	控制	控制	控制
时间固定效应	控制	控制	控制	控制
log-*likehood*	3 103. 209	3 311. 063	3 315. 435	3 559. 672
obs	3 288	3 014	3 288	3 014
R^2	0. 791	0. 838	0. 823	0. 867

注： *** 、 ** 、 * 分别表示在 1% 、5% 、10% 的显著性水平，括号内为 t 检验值，"—"表示空值，限于篇幅其他控制变量的估计结果未予以报告。

进一步，将数字经济对城市经济高质量发展的总效应进行分解，结果见表 6 – 6 第（1）~（4）列。数字经济的短期和长期直接效应分别为 0. 0423 和 0. 0816，均在 1% 的水平上显著，说明数字经济的长期积累效应对城市经济高质量发展的促进作用更大。数字经济的短期间接效应为 0. 003，在统计水平上不显著，而数字经济的长期间接效应为 0. 0461，在 5% 的水平上显著，说明从短期来看，数字经济仅能促进本地城市经济高质量发展，对邻近城市经济高质量发展的促进作用不明显，但是从长期来看，数字经济不仅能推进本地城市经济高质量发展，还能够显著推动邻近城市经济高质量发展，这一结论与前文的研究结论相似。

表6-6　数字经济对城市经济高质量发展的空间溢出效应分解结果

变量	地理与经济距离嵌套矩阵				邻接权重矩阵			
	短期直接效应	短期间接效应	长期直接效应	长期间接效应	短期直接效应	短期间接效应	长期直接效应	长期间接效应
	(1)	(2)	(3)	(4)	(5)	(6)	(7)	(8)
LnDei	0.0423***	0.0003	0.0816***	0.0461**	0.0401***	0.0282	0.0817***	0.111*
	(2.85)	(0.20)	(2.86)	(2.20)	(3.37)	(1.36)	(3.51)	(1.92)
Finadp	0.0324	0.0002	0.0626	0.0356	0.0529**	-0.0473	0.0965*	-0.0821
	(1.21)	(0.17)	(1.21)	(1.11)	(2.05)	(-0.99)	(1.95)	(-0.65)
Pre	0.491***	0.0043	0.948***	0.539***	0.597***	-0.383***	1.110***	-0.510
	(6.46)	(0.24)	(6.47)	(3.11)	(8.45)	(-2.58)	(8.11)	(-1.28）
LnRkmd	-0.131***	-0.0013	-0.252***	-0.143***	-0.151***	0.0598**	-0.286***	0.0290
	(-9.91)	(-0.24)	(-9.94)	(-3.31)	(-11.88)	(2.33)	(-11.72)	(0.41)
Eg	0.0162***	0.0001	0.0312***	0.0177**	-0.0141**	0.0399***	-0.0222*	0.0952***
	(3.71)	(0.23)	(3.72)	(2.53)	(-2.03)	(4.42)	(-1.76)	(4.62)
Infra	0.0080	0.0002	0.0154	0.0089	0.00546	-0.0108	0.0092	-0.0243
	(1.26)	(0.22)	(1.26)	(1.11)	(0.94)	(-0.85)	(0.79)	(-0.69)

注：***、**、*分别表示在1%、5%、10%的显著性水平，括号内为t检验值。

6.4.2　更换空间权重矩阵形式

进一步地，将地理与经济嵌套矩阵更换为邻接空间权重矩阵再次验证数字经济对城市经济高质量发展的空间溢出效应。第一步，进行空间计量模型的选择，结果见表6-7。可以看出，在邻接空间权重矩阵下，同样应选择时空双固定效应下的空间杜宾模型进行空间溢出效应分析，回归结果见表6-5第（3）～（4）列。相较于静态SDM

模型，动态 SDM 模型的 $LogL$ 和拟合优度 R^2 的数值更大，说明了引入动态效应的合理性。列（4）显示，城市经济高质量发展滞后一期及空间滞后项的回归系数为 0.468 和 0.0558，分别在 1% 和 5% 的水平上显著，同样说明城市经济高质量发展在时间维度上存在惯性效应，在空间维度上存在扩散效应。

表 6 – 7　　　　　　　　　　**空间计量模型选择检验结果**

检验方法	检验统计量结果	P 值
$Lm - Lag$	24.349	0.000
$RobustLm - Lag$	7.326	0.007
$Lm - Error$	78.742	0.000
$RobustLm - Error$	61.718	0.000
$LR - SDM - SEM$	286.46	0.000
$LR - SDM - SAR$	213.32	0.000
$LR - both - time$	4 389.72	0.000
$LR - both - ind$	178.31	0.000
$Hausman$	376.45	0.000

表 6 – 6 第（5）~（8）列报告了数字经济对城市经济高质量发展总效应的分解结果。可以看出，无论是本地直接效应，还是空间溢出效应，数字经济长期效应回归系数的绝对值均要大于短期效应，再次表明数字经济的长期积累对城市经济高质量发展的促进作用更大，效果更强，与前文的研究结论相似。

6.4.3　区位异质性检验

为考察由区位特征差异带来的数字经济与城市经济高质量发展空间溢出效应的影响，借鉴第 4 章的研究，将全样本划分为东部、中部、西部以及东北四大经济板块进行分样本回归，结果见表 6 – 8。

表 6-8   数字经济对城市经济高质量发展区位异质性检验结果

变量	东部		中部		西部		东北	
	（1）	（2）	（3）	（4）	（5）	（6）	（7）	（8）
$LnQua_{t-1}$	—	0.534 *** （17.54）	—	0.573 *** （20.71）	—	0.429 *** （15.78）	—	0.717 *** （15.95）
$W \times$ $LnQua_{t-1}$	—	0.137 * （1.78）	—	-0.0673 （-1.09）	—	-0.0086 （-0.11）	—	-0.196 ** （-2.23）
$LnDei$	0.0595 ** （2.33）	0.0176 （0.65）	0.135 *** （6.03）	0.0382 * （1.69）	0.0863 *** （3.35）	0.069 ** （2.48）	-0.0426 （-1.51）	-0.0057 （-0.21）
rho	0.271 *** （5.59）	0.146 ** （2.57）	0.333 *** （6.94）	0.281 *** （5.29）	0.179 *** （3.48）	0.102 * （1.71）	0.362 *** （5.68）	0.351 *** （4.95）
$W \times$ $LnDei$	0.0602 ** （2.00）	0.0297 （0.94）	-0.0029 （-0.11）	-0.0248 （-0.95）	0.155 *** （4.61）	0.0624 （1.58）	0.161 *** （4.87）	0.0335 （1.02）
控制 变量	控制	控制	控制	控制	控制	控制	控制	控制
城市固 定效应	控制	控制	控制	控制	控制	控制	控制	控制
时间固 定效应	控制	控制	控制	控制	控制	控制	控制	控制
log- likehood	1 290.848	1 069.930	1 290.342	1 228.665	769.974	773.725	539.951	564.096
obs	1 020	935	948	869	924	847	396	363
R^2	0.885	0.881	0.924	0.920	0.844	0.839	0.848	0.871

注：*** 、** 、* 分别表示在 1%、5%、10% 的显著性水平，括号内为 t 检验值，"—"表示空值，限于篇幅，其他控制变量的估计结果未予以报告。

表 6-8 报告了数字经济对城市经济高质量发展的区位差异性检验结果。其中，第（1）、（3）、（5）和（7）列报告了静态空间杜宾模型下的回归结果，第（2）、（4）、（6）和（8）列报告了动态空间

杜宾模型下的回归结果。对东部和中部地区而言，静态空间杜宾模型回归的 LogL 值和拟合优度 R^2 要高于动态空间杜宾模型的回归结果，而对于西部和东北地区而言，动态空间杜宾模型回归的 LogL 值和拟合优度 R^2 基本上要高于静态空间杜宾模型的回归结果。因此，对东部和中部地区而言，本节将主要考察静态空间杜宾模型的回归结果，对西部和东北地区而言，本节将考察既有空间相关性，又有时间相关性的动态空间杜宾模型的回归结果。

表6-9报告了区位特征差异视角下数字经济对城市经济高质量发展空间溢出效应的分解结果。

表6-9 数字经济对城市经济高质量发展的空间溢出效应分解结果

区位	分解效应	LnDei	Finadp	Pre	LnRkmd	Eg	Infra
东部	直接效应	0.0638 ** (2.51)	0.0476 (1.12)	0.343 *** (3.06)	-0.0685 *** (-3.41)	0.0374 *** (7.05)	0.00337 (0.27)
	间接效应	0.0994 *** (3.00)	-0.428 *** (-3.75)	-0.197 (-0.57)	0.303 *** (5.24)	-0.00252 (-0.17)	0.250 *** (7.00)
中部	直接效应	0.138 *** (6.22)	0.236 *** (6.95)	0.869 *** (7.84)	0.0259 (0.72)	0.0138 (1.35)	0.0510 *** (4.75)
	间接效应	0.060 ** (2.05)	-0.665 *** (-5.91)	-0.955 *** (-2.58)	-0.111 (-0.93)	0.0507 ** (2.28)	0.177 *** (4.14)
西部	短期直接效应	0.0731 *** (2.79)	-0.0136 (-0.19)	0.599 *** (3.41)	-0.261 *** (-10.69)	0.0137 (1.64)	0.0154 (1.34)
	短期间接效应	0.0753 * (1.79)	-0.235 * (-1.72)	-0.131 (-0.34)	0.0528 (0.90)	-0.0140 (-0.74)	0.0173 (0.61)
	长期直接效应	0.130 *** (2.85)	-0.0286 (-0.23)	1.049 *** (3.40)	-0.458 *** (-10.61)	0.0237 (1.62)	0.0274 (1.35)
	长期间接效应	0.152 * (1.90)	-0.446 * (-1.70)	-0.166 (-0.23)	0.0632 (0.57)	-0.0245 (-0.69)	0.0349 (0.65)

续表

区位	分解效应	LnDei	Finadp	Pre	LnRkmd	Eg	Infra
东北	短期直接效应	-0.0003 (-0.01)	-0.0525 (-1.03)	0.468 *** (3.74)	-0.0950 * (-1.94)	0.0296 ** (2.03)	-0.0145 (-1.50)
	短期间接效应	0.0452 (1.10)	0.0658 (0.50)	-0.0166 (-0.05)	-0.0897 (-0.70)	-0.0602 * (-1.85)	0.0346 (0.74)
	长期直接效应	-0.0008 (-0.00)	-0.159 (-0.24)	1.425 (0.23)	-0.305 (-0.34)	0.100 (0.86)	-0.0426 (-0.15)
	长期间接效应	0.157 (0.04)	0.255 (0.02)	-0.423 (-0.01)	0.410 (0.02)	-0.129 (-0.04)	-0.0619 (-0.02)

注：*** 、** 、* 分别表示在1%、5%、10%的显著性水平，括号内为 t 检验值。

由表6-9可知，对东部和中部地区而言，数字经济对城市经济高质量发展的直接效应分别为0.0638和0.138，分别在5%和1%的水平上显著，其间接效应分别为0.0994和0.060，分别在1%和5%的水平上显著，表明在我国东部和中部地区，数字经济对城市经济高质量发展不仅具有"本地效应"，还存在明显的空间溢出效应，且相较于中部地区，数字经济对东部地区城市经济高质量发展的空间溢出效应更强。对西部地区而言，数字经济对城市经济高质量发展的短期直接效应和长期直接效应分别为0.0731和0.130，均通过了1%的显著性水平，其短期间接效应和长期间接效应分别为0.0753和0.152，均在10%的水平上显著，说明在我国西部地区，数字经济不仅能够促进本地城市经济高质量发展，同样能够推动邻近城市的经济高质量发展，并且数字经济长期积累带来的空间溢出效应更强。对东北地区而言，数字经济对城市经济高质量发展的短期直接效应和长期直接效应均不显著为负，而短期间接效应和长期间接效应均不显著为正，说明在我国东北地区，数字经济不仅对本地城市经济高质量发展不具有促进作用，也无法推动邻近城市的经济高质量发展，可能的原因在于东北地区整体的数字经济发展水平相对滞后，数字经济对城市经济高质量发展的促进作用未能充分显现，也进一步表明了提高东北地区数字经济发展水平的必要性和紧迫性。综合而言，在我国的东部、中部和西部地区，数字经济对城市经济高质量具有显著的空间溢出效应，能够促进"本地—邻地"经济高质量均衡化发展，但是对于东北地区而言，数字经济对城市经济高质量发展的"本地"和"邻地"均不存在明显的促进作用。

6.4.4　阶段性特征差异检验

进一步考虑到不同经济发展阶段可能对城市经济高质量发展产生影响，本章以 2012 年党的十八大以及 2017 年党的十九大为时间节点，将全样本划分为 2009～2012 年、2013～2016 年以及 2017～2020 年三个样本期，探究不同时期数字经济对城市经济高质量发展的空间溢出效应，回归结果见表 6–10。表 6–10 中，第（1）、（3）和（5）列为静态空间杜宾模型的回归结果，第（2）、（4）和（6）列为动态空间杜宾模型的回归结果。可以看出，静态空间杜宾模型回归结果的 $LogL$ 值和拟合优度 R^2 均要高于动态空间杜宾模型，因此采用静态空间杜宾模型的回归结果进行分析。

表 6–10　数字经济对城市经济高质量发展阶段性特征差异检验结果

变量	2009～2012 年		2013～2016 年		2017～2020 年	
	（1）	（2）	（3）	（4）	（5）	（6）
$LnQua_{t-1}$	—	0.0684 ** (2.41)	—	0.246 *** (7.14)	—	0.346 *** (15.64)
$W \times LnQua_{t-1}$	—	0.358 *** (4.44)	—	0.149 (1.62)	—	0.0377 (0.41)

变量	2009～2012 年		2013～2016 年		2017～2020 年	
	(1)	(2)	(3)	(4)	(5)	(6)
Ln*Dei*	0.0637 ***	0.0400 ***	0.0562 *	-0.0231	0.126 *	0.0938
	(4.57)	(2.59)	(1.90)	(-0.50)	(1.89)	(1.45)
rho	0.284 ***	0.139 **	0.127 **	0.115	0.133 **	0.0671
	(5.20)	(2.07)	(2.06)	(1.50)	(2.21)	(0.93)
$W \times$ Ln*Dei*	0.0369 *	-0.0290	0.438 ***	0.350 ***	0.380 **	0.436 **
	(1.78)	(-1.12)	(8.75)	(4.22)	(2.15)	(2.43)
控制变量	控制	控制	控制	控制	控制	控制
个体固定效应	控制	控制	控制	控制	控制	控制
时间固定效应	控制	控制	控制	控制	控制	控制
log-*likehood*	1 793.284	1 407.735	1 791.892	1 362.843	1 318.852	1 203.439
obs	1 096	822	1 096	822	1 096	822
R^2	0.825	0.770	0.759	0.647	0.492	0.372

注：*** 、** 、* 分别表示在1%、5%、10%的显著性水平，括号内为 t 检验值，"—" 表示空值，限于篇幅其他控制变量的估计结果未予以报告。

表 6-11 报告了静态空间杜宾模型下数字经济对城市经济高质量发展空间溢出效应的分解结果。

表 6-11　数字经济对城市经济高质量发展的空间溢出效应分解结果

变量	2009～2012 年		2013～2016 年		2017～2020 年	
	直接效应	间接效应	直接效应	间接效应	直接效应	间接效应
Ln*Dei*	0.0661 ***	0.0726 ***	0.0642 **	0.501 ***	0.134 **	0.442 **
	(4.75)	(3.11)	(2.15)	(11.73)	(1.98)	(2.25)
Finadp	0.114 ***	0.0479	0.177 ***	-0.141	0.0542	-0.0558
	(3.44)	(0.34)	(5.78)	(-1.62)	(0.75)	(-0.25)
Pre	0.666 ***	0.522 *	0.818 ***	-0.320	0.743 ***	-0.438
	(7.73)	(1.68)	(7.65)	(-0.86)	(3.51)	(-0.63)

续表

变量	2009~2012 年		2013~2016 年		2017~2020 年	
	直接效应	间接效应	直接效应	间接效应	直接效应	间接效应
Ln*Rkmd*	−0.272***	−0.0386	0.0627***	0.0674	−0.0765***	0.0517
	(−17.24)	(−0.56)	(2.69)	(0.81)	(−3.95)	(0.87)
Eg	0.0004	−0.0432**	0.007	0.0035	0.0802***	−0.0379
	(0.07)	(−2.30)	(1.20)	(0.21)	(4.62)	(−0.83)
Infra	0.0093	0.00957	−0.0145*	−0.0135	0.0314***	0.0052
	(1.10)	(0.29)	(−1.66)	(−0.48)	(2.66)	(0.12)

注：***、**、*分别表示在1%、5%、10%的显著性水平，括号内为 t 检验值。

由表6-11可知，在2009~2012年、2013~2016年以及2017~2020年三个分样本中，数字经济对城市经济高质量发展间接效应的回归系数分别为0.0726、0.501和0.442，分别在1%、1%和5%的水平上显著，说明数字经济对城市经济高质量发展具有显著的空间溢出效应，即数字经济不仅能够促进本地城市经济高质量发展，还能够推动邻近城市的经济高质量发展，且在2013~2016年和2017~2020年两个分样本回归结果中，数字经济对城市经济高质量发展间接效应回归系数的绝对值要显著大于2009~2012年分样本的回归结果，说明在2012年党的十八大之后，数字经济对城市经济高质量发展的空间溢出效应得到了明显增强。

6.5　本章小结

本章以2009~2020年中国274座城市为研究样本，实证检验了数字经济对城市经济高质量发展的空间溢出效应，得到了以下结论：

第一，城市经济高质量发展不仅在时间维度上具有明显的惯性效应，而且在空间维度上也存在显著的扩散效应，即邻近城市前一期经济高质量发展的政策措施会对本地城市产生"示范效应"，本地城市经济高质量发展的政策调整会将邻近城市作为"榜样"，进而通过模仿学习以促进本地城市经济高质量发展水平提升。

第二，数字经济对城市经济高质量发展不仅具有"本地效应"，还存在显著的空间溢出效应，即数字经济发展不仅能够促进本地城市经济高质量发展，对邻近城市经济高质量发展也存在明显的正向作用，这意味着数字经济能够促进"本地－邻地"经济高质量均衡化发展，并且相较于短期效应，数字经济长期积累对城市经济高质量均衡化发展的功效更强。

第三，区位异质性检验发现，对东部、中部和西部地区而言，数字经济对城市经济高质量发展同样具有显著的空间溢出效应，即数字经济能够促进"本地－邻地"经济高质量发展均衡化，这一结论与全样本的研究结论相似。但是对东北地区而言，数字经济对城市经济高质量发展无论是"本地"还是"邻地"都不具备明显的促进作用，即东北地区的数字经济发展未能充分释放其对经济高质量发展的影响效应，这一研究结论也佐证了第 4 章关于东北地区的城市数字经济发展水平滞后于东部以及中西部的特征事实，也进一步表明了地方政府应关注地区"数字鸿沟"的必要性和迫切性。

第四，阶段性特征差异检验显示，2012 年党的十八大召开以来，数字经济对城市经济高质量发展的空间溢出效应得到了明显增强，说明伴随着地方政府对数字经济发展重视程度的提高，数字经济在城市经济高质量发展中的重要性将越发凸显。

第7章

数字经济影响城市经济高质量发展"后发优势"的路径探析

前文实证检验了数字经济能够促进城市经济高质量发展，呼之欲出的另一个疑问就是数字经济对城市经济高质量发展"后发优势"具有怎样的作用，即数字经济能否驱动落后城市发挥"后发优势"，实现向发达城市的经济高质量发展追赶。只有合理地识别出数字经济对城市经济高质量发展"后发优势"效应的影响，才有助于更科学地判别数字经济时代中国城市经济高质量发展的变动趋势。基于此，本章从效果和机制两个视角出发，实证检验了数字经济对城市经济高质量发展"后发优势"的影响及作用机制，为后续更好地促进城市经济高质量协同发展提供实践证据。

7.1 待检验假说

由本书第3章的理论分析可知，数字经济发展释放的规模效应、融合替代效应、资源配置效应以及知识外溢效应能够显著提高落后地区的经济高质量发展水平，对促进落后地区发挥"后发优势"具有积极意义。那么数字经济具体通过怎样的途径推动落后城市实现向发达城市的经济高质量发展追赶？具体而言，本书将这一作用机制凝练为推进市场一体化、提高创新能力以及加快城市化进程这三大渠道。

其中，关于数字经济的知识外溢效应通过促进落后城市创新能力提升进而实现向发达城市经济高质量发展追赶的理论逻辑在前文已经进行了深入的分析，接下来本节将重点阐述市场一体化与城市化进程在数字经济影响城市经济高质量发展"后发优势"效应中的作用机理：

首先，数字经济发展带来的规模效应和资源配置效应能够提高市场一体化进程，对落后城市经济高质量发展"后发优势"具有促进作用。长期以来，由于市场机制不完善，发展不充分以及各地政府在"锦标赛"晋升模式的激励下，地区经济发展存在较为严重的"本地思维"，使得地方政府通常服务于本地经济而忽视全局经济效益最大化，最终可能导致政府职能错位，存在过多的政府干预市场行为，要素市场分割严重（周黎安，2007；吕越等，2018）。[193-194] 市场分割的长期存在和不断加深不仅会抑制地区的技术进步和经济结构优化，还会进一步加剧要素市场配置的扭曲程度，弱化整体市场的竞争环境（邓峰和杨婷玉，2019）。[195] 相较于发达地区，落后地区面临的市场分割现象更为严重。市场分割程度的降低能够提高企业竞争环境，有效激励企业增加研发投入，进而通过提高地区科技创新水平以推动经济高质量发展（申广军和王雅琦，2015；张学良等，2017）。[196-197] 因此，加快市场一体化进程不仅有助于落后城市积极融入国内统一大市场，还有利于落后城市学习和模仿发达城市的先进技术和管理经验，进而能够推动落后城市实现向发达城市的经济高质量发展追赶。数字经济赋能市场一体化进程的理论逻辑主要体现在以下几个方面：

第一，数字经济的规模效应通过推动形成全国统一的数据要素市场为加快市场一体化进程提供了要素基础。在数字经济时代，互联网平台的快速发展成为推进市场一体化进程的重要力量，构建统一、高效的数字平台是地区经济高质量发展的重要趋势。相较于落后城市，发达城市的政策优势明显、要素资源丰富、产业链相对完整，在国内外市场中占据着优势地位，而落后城市则面临着要素资源匮乏、基础设施建设滞后的困境。互联网平台的快速崛起有利于在更大范围内实现资源整合，为推进国内市场一体化进程提供了要素基础；第二，数字经济的资源配置效应通过降低信息不对称性有利于加快市场一体化进程。落后城市与发达城市存在经济发展差距的一个重要原因在于落后城市的优势资源未能得到充分挖掘，而随着大数据、云计算、人工智能等数字技术商业化应用的加快，借助于移动互联网、智能 App 等小程序，落后城市可以将自身的历史文化、旅游资源以及特色产品有效宣传出去，树立城市品牌，这一过程不仅能够有效吸引外部投资，优化本地经济结构，还能够降低信息不对称以加快市场一体化进程。此外，数字技术的应用能够加速政府公共服务的数字化转型，提高政府治理效率，推动政府治理体系的统筹性和协调性以加强跨区域之间经济主体的交流与合作，这一过程为落后地区经济主体享受高质量的政务服务提供了更大的便利性，同样有助于加快市场一体化进程。

其次，数字经济发展带来的融合替代效应和资源配置效应能够加快落后地区的城市化进程，同样有利于落后城市经济高质量发展"后发优势"效应得到充分体现。改革开放四十多年来，城市化对经济增长的促进作用得到了学者们的广泛认可（吴福象和刘志彪，2008）。[198]无论是技术、资本和劳动力的跨区域流动，还是创新资源转换为技术生产力的能力都与城市化水平有着密切联系。城市化不仅表现为农村人口向城市转移的过程，还体现为城市在基础设施、生态环境以及政府治理等方面的系统演变。城市化水平的提高不仅能够扩展市场边界，增强市场规模，创造新的就业机会，提高企业科技研发动力和生产效率，还能够通过完善物理基础设施和信息通信基础设施吸纳更多的科技研发人才，推动要素资源跨地区的流动和技术溢出，推进生产方式和经济结构的转型与优化以促进城市经济高质量发展。在影响经济发展差距的因素中，城市化水平也占据着重要的位置（王菲和李善同，2016）。[199]甚至有学者将城市化作为促进经济可持续增长与降低贫富差距的主要动力（万广华，2011；倪鹏飞等，2014；张莅黎等，2019）。[200-202]数字经济对提高落后地区城市化水平的理论逻辑则主要体现在以下几个方面：

第一，数字经济的资源配置效应通过提高技术、资本和劳动力等要素资源向城市的集聚效率，加快了落后地区的城市化进程。相较于发达城市，落后城市通常面临着要素流动性差、集聚水平低等问题，而数字经济的资源配置效应有利于加快农村劳动力突破传统的地理约束，积极参与城市经济社会发展的产业分工，推进城市化进程的加快。第二，数字经济的融合替代效应通过促进农业现代化与推进产业结构转型加快了城市化进程。一方面，数字技术的应用提高了农村居民使用信息化工具的便利性，提高了农村信息化水平，农村信息化又推进了农业现代化发展，农业现代化又进一步加快了农民市民化。吕昭河和翟登（2018）[203]的研究同样表明，随着互联网的发展，城乡近距离的人口迁移得到了促进，而远距离的人口迁移受到了明显的抑制，这一过程有助于促进区域范围内人口大城市的形成，从整体上推进了城市化水平的提高。另一方面，数据要素与传统产业的融合能够促进产业结构转型优化，促使在农村主要从事第一产业的劳动力迅速向以第二产业与第三产业为主的城市转移，这一过程能够提高城市的要素集聚程度，推动城市化进程的加快。相较于发达地区，欠发达地区的城市化发展水平相对较低，因此数字经济的发展更有助于促进落后地区的城市化进程，从而为落后地区实现向发达地区的经济高质量发展追赶提供了新动能。数字经济影响城市经济高质量发展"后发优势"的作用机理如图7-1所示。综合本节及前文的理论分析，提出如下待检验假说：

H1：数字经济对城市经济高质量发展"后发优势"效应具有促进作用。

H2：数字经济通过促进市场一体化、提高创新能力以及加快城市化进程有助于推动落后城市实现向发达城市的经济高质量发展追赶。

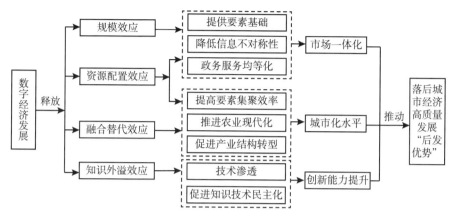

图 7-1 数字经济影响城市经济高质量发展"后发优势"的作用机理

7.2 研究设计

7.2.1 模型构建

为检验数字经济影响城市经济高质量发展"后发优势"效应的直接作用，本章构建以下基准回归模型，同时考虑到数字经济与城市经济高质量发展由于互为因果可能导致的内生性问题，将数字经济发展水平滞后一期作为前定变量进行回归分析。

$$g_{i,t} = \alpha + \beta_1 \mathrm{Ln}Qua_{i,t-1} + \beta_2 Dei_{i,t-1} + \beta_3 Dei_{i,t-1} \times \mathrm{Ln}Qua_{i,t-1}$$
$$+ \sum_{k=1} \gamma_k Control_{i,k,t} + \upsilon_i + u_t \tag{7.1}$$

其中，$g_{i,t}$ 表示城市 i 在第 t 年的经济高质量发展指数增长率，$\mathrm{Ln}Qua_{i,t-1}$ 表示第 $t-1$ 年城市 i 的经济高质量发展指数值，$Dei_{i,t}$ 表示第 $t-1$ 年城市 i 的数字经济发展指数值，其余变量的含义在前文已经作了详细的陈述。β_1 和 β_3 是我们关注的核心变量的回归系数，若 β_1 为负且存在统计显著性，说明城市经济高质量增长速度与前期的经济高质量发展水平存在负相关，即前一期经济高质量发展水平较高的城市（发达城市），则本期该城市的经济高质量增长速度将下降，而前一期的经济高质量发展水平较低的城市（落后城市），则本期该城市的经济高质量增长速度将上升，此时若β_3同样显著为负，说明数字经济对城市经济高质量增长速度与前期经济高质量发展水平具有正向调节效应，即相较于发达城市，数字经济能够显著提高落后城市的经济高质量增长速度；反之，若β_3在统计水平上显著为正，说明数字经济对城市经济高质量增长速度与前期经济高质量发展水平的负相关具有负向调节效应，即相较于落后城市，数字经济能够显著提高发达城市的经济高质量增长速度，使得落后城市无法实现向发达城市的经济高质量发展追赶。

进一步，为探究数字经济能否通过促进市场一体化、提高创新能力与加快城市化进程推动城市经济高质量"后发优势"效应，本章借鉴江艇（2022）[204]提出的中介效应分析建议，为了克服原有中介效应模型可能存在的内生性缺陷，构建如下模型进行验证：

第一步：检验数字经济对市场一体化、创新能力以及城市化水平的影响。

$$Med_{i,t} = \alpha + \alpha_1 Dei_{i,t} + \sum_{k=1} \beta_k Control_{i,k,t} + v_i + u_t + \varepsilon_{i,t}$$

（7.2）

第二步：检验市场一体化、创新能力提升以及城市化水平对城市经济高质量发展"后发优势"的影响。

$$g_{i,t} = \alpha + \gamma_1 \mathrm{Ln}Qua_{i,t-1} + \gamma_2 Med_{i,t-1} + \gamma_3 Med_{i,t-1} \times \mathrm{Ln}Qua_{i,t-1}$$
$$+ \sum_{k=1} \beta_k Control_{i,k,t} + v_i + u_t + \varepsilon_{i,t}$$

（7.3）

其中，Med代表中介变量，分别包含市场一体化（$Integ$）、创新能力（Ric）以及城市化水平（Urb），v_i表示个体固定效应，u_t表示时间固定效应，$\varepsilon_{i,t}$为随机扰动项。

7.2.2　变量指标选择与数据说明

（1）被解释变量

经济高质量发展增长率（g）。以 2008 年为基期，使用第 4 章测算得到的城市经济高质量发展指数值以计算 2009～2020 年中国城市经济高质量发展的增长率。

（2）核心解释变量

数字经济发展水平（Dei）。使用第 4 章测算得到的数字经济发展指数值以衡量城市数字经济发展水平。

（3）中介变量

第一，市场一体化（$Integ$）。关于市场一体化的测算，本节主要借鉴帕塞雷和韦（Parseley & Wei，2001）[205]、毛其淋和盛斌（2012）[206]的研究采用价格指数法进行测度，该方法主要通过衡量地区之间的商品价格差异来分析市场分割情况，其思想来源于"冰山成本"模型萨缪尔森（Samuelson，1964）。[207]该模型认为商品的交易存在运输成本，而商品的价值在运输过程中会像冰川一样有一部分会被融化掉，因此商品的价值在达到目的后会损耗掉一部分，即使两个地区之间是完全整合的，不存在市场分割，同一种商品在两个地区的相对价格 P_i/P_j 也不必完全趋于 1，只要价差的离散程度是稳定的，则可以认为地区 i 与 j 之间的市场是整合的。在计算市场分割指数之前，需要构造一个三维（$t \times m \times k$）面板数据集。其中，t 表示时间，m 表示省份，k 表示某一种商品。基于统计口径的一致性，本节选取 2009～2020 年 30 个省份①（自治区、直辖市）的 13 类商品②，原始

---

① 西藏自治区、香港特别行政区、澳门特别行政区以及台湾地区的数据未予以测算。
② 13 类商品包括：粮食、水产品、饮料烟酒、服装鞋帽、纺织品、家用电器及音响器材、日用品、化妆品、金银饰品、中医用品及医疗保健用品、书报杂志及电子出版物、燃料、建筑材料及五金电料。

数据来源于《中国统计年鉴》中各省份的商品零售价格指数。以某一种商品为例，其在不同地区的价格差可以用式（7.4）表示：

$$G_{i,j,t}^k = \ln(P_{i,t}^k) - \ln(P_{j,t}^k) \tag{7.4}$$

其中，i 与 j 分别表示不同的省份，t 表示时间，k 表示某一种商品，$G_{i,j,t}^k$ 表示在第 t 年商品 k 在省份 i 与省份 j 之间的价格差，$P_{i,t}^k$ 和 $P_{j,t}^k$ 分别表示第 t 年商品 k 在省份 i 与省份 j 的价格。进一步地，价差可以表示为：

$$\Delta G_{i,j,t}^k = \ln(P_{i,t}^k/P_{i,t-1}^k) - \ln(P_{j,t}^k/P_{j,t-1}^k) \tag{7.5}$$

借鉴帕塞雷和韦（Parseley & Wei，2001）[205] 的研究，使用 $\Delta G_{i,j,t}^k$ 的绝对值来衡量商品在两个地区之间的离散度，这样由 2009～2020 年（共计 12 年）435 对省份组合的 13 类商品数据可以得到 67 860 个差分形式的相对价格 $|\Delta G_{i,j,t}^k|$。值得注意的是，价格的离散度主要由两部分构成，一部分是由于商品本身特性所导致的价格变化，另一部分是由于地区市场分割导致的价格变化，即：

$$|\Delta G_{i,j,t}^k| = a^k + \varepsilon_{i,j,t}^k \tag{7.6}$$

其中，a^k 表示第 k 类商品由于本身特性导致的价格变动，$\varepsilon_{i,j,t}^k$ 表示由于市场分割导致的价格变动。因此，如果不能够将商品本身特性带来的价格差消除掉，就无法准确评估由于市场分割导致的价格差，导致高估市场分割的程度。基于此，采用去均值法消除商品的个体固定效应 a^k，具体计算方法如下：

$$q_{i,j,t}^k = G_{i,j,t}^k - \overline{G_{i,j,t}^k} = |\Delta G_{i,j,t}^k| - |\Delta \overline{G_t^k}| = (a^k - \bar{a}^k) - (\varepsilon_{i,j,t}^k - \bar{\varepsilon}_{i,j,t}^k) \tag{7.7}$$

其中，$|\Delta \overline{G_t^k}|$ 表示在第 t 年商品 k 在所有地区相对价格 $|\Delta G_{i,j,t}^k|$ 求平均值得到，$q_{i,j,t}^k$ 表示用以计算方差的相对价格变动。基于上式，可以测算各省份之间各商品的相对价格波动的方差（$Var(q_{i,j,t})$），并采用式（7.8）计算各省份的市场分割指数：

$$Var(q_{i,t}) = \sum_{i \neq j} Var(q_{i,j,t})/N \tag{7.8}$$

其中，N 表示合并的省份组合数目。最后，采用式（7.9）计算市场一体化程度：

$$Integ_{i,t} = \sqrt{1/\mathrm{Var}(q_{i,t})} \qquad (7.9)$$

其中，$Integ_{i,t}$ 表示省份 i 在第 t 年的市场一体化指数值，并将各省份的市场一体化指数值匹配到城市层面。

第二，创新能力（Ric）。当前，已有文献主要从创新数量与质量两个视角衡量区域创新能力。其中，创新数量可以采用发明专利、实用新型专利以及外观设计专利的申请数以及新产品的销售收入来衡量，创新质量主要采用发明专利授权率、绿色技术专利申请数以及产学研协同专利申请数等指标综合衡量（金培振等，2019）。[208]考虑到城市层面相关数据的获取难度，本章使用发明专利、实用新型专利与外观设计专利三种类型专利的申请数衡量区域创新能力。由于三种类型的专利在创新程度、技术应用以及市场价值等方面存在较大差距，进一步借鉴白俊红和蒋伏心（2011）[209]研究，对发明专利、实用新型专利与外观设计专利分别赋予0.5、0.3 和0.2 的权重，采用加权平均法测算区域创新产出，取对数值后表征城市层面的科技创新能力。

第三，城市化水平（Urb）。关于城市层面城市化水平的测度，本章采用市辖区人口占城市总人口的比重进行衡量。

（4）控制变量

借鉴第5 章的研究，本章同样选取财政分权度（$Finadp$）、政府创新偏好（Pre）、人口密度（$LnRkmd$）、政府治理效率（Eg）和基础设施（$Infra$）作为控制变量，与此同时，考虑到人口增长率是落后地区实现"后发优势"效应的重要因素之一，本章进一步选择人口增长率（Pop）作为控制变量，其计算公式如下：$Pop_{i,t} = (P_{i,t} - P_{i,t-1})/P_{i,t-1}$。其中，$Pop_{i,t}$ 表示 t 年城市 i 的人口增长率，$P_{i,t}$ 和 $P_{i,t-1}$ 分别表示第 t 年和 $t-1$ 年城市 i 的年平均人口。

以上控制变量的数据主要来自《中国城市统计年鉴》，部分缺失的数据由各省的统计年鉴以及各城市历年的国民经济和社会发展统计公报进行补充。变量的统计描述见表 7 - 1。

表 7 - 1   变量统计性描述

变量	样本数	均值	标准差	最小值	最大值
经济高质量发展指数增长率	3 288	0.063	0.076	- 0.188	0.351
经济高质量发展指数值取对数化处理	3 288	- 1.644	0.444	- 2.613	0.378
数字经济发展水平指数值	3 288	0.489	0.267	0.085	1.432
市场一体化	3 288	85.811	21.212	34.249	143.713
创新能力	3 288	6.107	1.666	1.308	11.116
城市化水平	3 288	0.359	0.206	0.067	1.000
财政分权度	3 288	0.463	0.222	0.055	1.541
政府创新偏好	3 288	0.193	0.042	0.015	0.372
人口密度	3 288	5.768	0.923	1.204	9.085
政府治理效率	3 288	6.858	1.706	2.330	12.033
基础设施	3 288	1.204	0.874	- 1.747	4.301
人口增长率	3 288	0.003	0.028	- 0.124	0.169

7.3   直接效应检验

7.3.1   基准回归分析

为确保实证结果的准确性与合理性，在实证分析之前采用 Hausman 检验对面板模型进行确定。Hausman 检验的原假设是解释变量与个体效应不存在相关性。当检验结果不拒绝原假设时，应采用随机效应模型，反之，当检验结果拒绝原假设时，则说明解释变量与无法观测的个体效应存在一定的相关性，此时应采用固定效应模型。检验结果如表 7 - 2 所示，$\chi^2(9)$ 等于 498.78，P 值为 0.0000，拒绝了解释变量与个体效应不相关的原假设，因此应采用固定效应模型进行回归分析。

表 7 - 2	豪斯曼检验结果
Hausman 检验原假设	采用随机效应模型
Hausman 检验值	Chi2（9）= 498.78
	P > Chi2 = 0.0000

表 7 - 3 报告了基准回归结果。

表 7 - 3　　　　　　　　　　基准回归结果

变量	FE	FE	2SLS	2SLS
	（1）	（2）	（3）	（4）
$LnQua_{t-1}$	-0.338 *** (-11.50)	-0.331 *** (-10.90)	-0.468 *** (-7.00)	-0.453 *** (-6.60)
Dei_{t-1}		0.0676 ** (2.07)	0.273 *** (2.67)	0.170 (1.59)
$Dei_{t-1} \times LnQua_{t-1}$		-0.0657 *** (-2.85)	-0.150 * (-1.85)	-0.172 ** (-2.16)
$Finadp$	0.152 *** (5.82)	0.142 *** (5.54)	0.239 *** (4.17)	0.226 *** (3.92)
Pre	0.284 *** (3.37)	0.308 *** (3.47)	0.344 *** (2.73)	0.278 ** (2.20)
$LnRkmd$	-0.130 *** (-5.97)	-0.123 *** (-5.22)	-0.195 *** (-2.98)	-0.044 ** (-2.01)
Eg	0.0168 *** (4.65)	0.0167 *** (4.59)	0.0216 *** (5.18)	0.0220 *** (5.12)
$Infra$	-0.0015 (-1.19)	-0.00123 (-0.98)	-0.0019 (-1.46)	0.0016 (0.96)

续表

变量	FE	FE	2SLS	2SLS
	(1)	(2)	(3)	(4)
Pop	−0.005 (−0.10)	−0.0221 (−0.44)	−0.0003 (−1.09)	−0.0003 (−1.34)
_Cons	0.352** (2.17)	0.244 (1.38)	0.296 (0.64)	−0.820*** (−4.10)
时间固定效应	控制	控制	控制	控制
城市固定效应	控制	控制	控制	控制
Kleibergen – Paap rk LM	—	—	9.499 [0.002]	27.795 [0.001]
Kleibergen – Paap rk Wald F	—	—	108.903 {16.38}	84.215 {16.38}
obs	3 288	3 288	3 288	3 288
R^2	0.364	0.372	0.248	0.239

注：***、**、*分别表示在1%、5%、10%的显著性水平，括号内为t检验值，"—"表示空值。

由表7-3第（1）列可以看出，城市经济高质量发展水平滞后一期的估计系数β_1为−0.338，在1%的水平上显著，说明城市经济高质量增长速度与前期的经济高质量发展水平呈现出负相关，进一步将数字经济发展水平滞后一期以及数字经济发展水平滞后一期与城市经济高质量发展水平滞后一期的交互项纳入基准模型中，回归结果见表7-3第（2）列。结果显示数字经济发展水平滞后一期的回归系数为0.0676，在5%的水平上显著，这说明数字经济的发展对城市经济高质量增长速度具有促进作用；而数字经济发展水平滞后一期与城市经济高质量发展水平滞后一期交互项的回归系数β_3为−0.0657，在1%的水平上显著，这说明数字经济对城市经济高质量增长速度与前期经济高质量发展水平的负相关具有正向调节效应，即数字经济能够显著提高落后城市的经济高质量增长速度，有助于落后城市发挥

"后发优势",进而实现向发达城市的经济高质量发展追赶,验证了假设 H1。

7.3.2 稳健性检验

遵从前文稳健性的检验思路,本节同样从内部有效性检验和外部有效性检验两个视角进行验证。其中,内部有效性使用改变参数估计方法进行验证,外部有效性则从改变滚动窗口期、考察区位特征差异和阶段性特征差异等视角进行验证。

(1)改变参数估计方法

由前文的分析可知,数字经济与城市经济高质量发展可能存在由于互为因果导致的内生性问题,本章的基准回归通过将数字经济发展水平滞后一期作为前定变量来缓解内生性问题。为进一步降低内生性问题对估计结果可能造成的干扰,本章通过构建工具变量,使用两阶段最小二乘法(2SLS)进行稳健性检验。具体而言,本章主要构建如下两个工具变量:

第一,借鉴赵涛等(2020)[37]研究,使用 1984 年各城市每万人电话机用户数量作为数字经济的工具变量。其理论逻辑在于历史上固定电话普及率较高的地区,其数字经济发展水平也可能较高,且历史上各城市的固定电话数量又不太可能对现如今地区经济高质量发展产生直接影响,满足工具变量的相关性及外生性原则。在具体应用时参考努恩和钱(Nunn & Qian,2014)[210]的研究,构造各城市 1984 年每万人电话机用户数量与上一年全国互联网用户数的交互项作为工具变量。回归结果见表 7 - 3 第(3)列,Kleibergen - Paap rk LM 和 Kleibergen - Paap rk Wald F 检验结果表明,模型不存在不可识别和弱工具变量的问题,说明该工具变量的选择具有一定的合理性。结果显示,城市经济高质量发展水平滞后一期的估计系数为 - 0.468,而数字经济发展水平滞后一期和经济高质量发展水平滞后一期交互项的

回归系数为 -0.150，分别在 1% 和 10% 的水平上显著，说明城市经济高质量增长速度与前期经济高质量发展水平呈负相关，且数字经济对这种负相关具有正向调节效应，即数字经济能够显著提高落后城市的经济高质量增长速度，与前文的研究结论相似。

第二，借鉴赵奎等（2021）[211] 研究，采用份额移动法（shift-share design）构造 Bartik 工具变量。其原理是采用总体层面的增长率和研究样本初始份额的乘积模拟出历年的估计值，该估计值和实际估计值高度相关，且该估计值与残差项不相关，满足工具变量相关性和外生性的要求。具体的计算方法如下：

$$iv2_{i,t} = \sum_{j \in j_x} employ_{i,j,t_0} \times (1 + S_{jt}) \qquad (7.10)$$

式（7.10）中，i 代表城市，j 代表行业，t 代表年份，t_0 代表基期，即本研究的初始年份，$employ_{i,j,t_0}$ 表示城市 i 的 j 行业在基期年份的就业人数，S_{jt} 表示第 t 年全国层面的 j 行业的就业人数相较于基期（t_0）的增长率。该工具变量的本质同样是通过构造城市的历史状态变量与全国层面的增长率乘积计算得到。在控制城市和年份固定效应后，该变量不会与其他影响城市经济高质量发展的残差项相关，但是与城市层面的数字经济发展水平高度相关。因为对某个城市而言，就业人数的增加意味着相关产业的扩大，这一过程能够产生更多的信息数据，从而满足工具变量相关性和外生性的要求。回归结果见表 7 - 3 第（4）列，结果同样显示，城市经济高质量增长速度与前期经济高质量发展水平存在负相关，且数字经济对二者之间的负相关具有明显的正向调节效应，这一结论与前文的研究结论相似。

（2）改变滚动窗口期

为了捕捉更多的经济特征，本章的基准回归采用对 2009～2020 年的样本数据进行逐年回归的分析方法。考虑到经济波动的影响，分别以 3 年和 5 年为一个周期，基于滚动窗口测度中国城市经济高质量发展指数增长率再次进行回归分析，结果见表 7 - 4 第（1）～（2）

列，城市经济高质量发展水平滞后一期的回归系数分别为 -0.227 和 -0.182，均在 1% 的水平上显著，说明城市经济高质量增长速度与前期经济高质量发展水平存在负相关，而数字经济发展水平滞后一期与城市经济高质量发展水平滞后一期交互项的回归系数分别为 -0.0479 和 -0.0334，均通过了 1% 的显著性水平，即数字经济对城市经济高质量增长速度与前期经济高质量发展水平的负相关具有正向调节效应，这一结论说明改变滚动窗口期后并不会影响前文的研究结论。

（3）阶段性特征差异检验

本章同样以 2012 年党的十八大以及 2017 年党的十九大为时间节点，将全样本划分为 2009~2012 年、2013~2016 年以及 2017~2020 年三个样本期，探究不同时期数字经济对城市经济高质量发展"后发优势"的影响，检验结果见表 7-4 第（3）~（5）列。实证结果表明在 2009~2012 年和 2013~2016 年两个经济周期内，数字经济对城市经济高质量发展"后发优势"效应具有明显的促进作用，即数字经济能够驱动落后城市实现向发达城市的经济高质量发展追赶，但是在 2017 年之后，数字经济发展水平滞后一期与城市经济高质量发展水平滞后一期交互项的回归系数为正，说明数字经济对落后城市向发达城市经济高质量发展追赶的促进作用减弱，即数字经济对弥合城市之间经济高质量发展差距的功效下降。

表 7-4　　　　　　　　　稳健性检验结果 I

变量	3 年滚动窗口期	5 年滚动窗口期	2009~2012 年	2013~2016 年	2017~2020 年
	（1）	（2）	（3）	（4）	（5）
$LnQua_{t-1}$	-0.227^{***} (-11.85)	-0.182^{***} (-19.20)	-0.801^{***} (-14.87)	-0.528^{***} (-8.94)	-0.502^{***} (-5.48)
Dei_{t-1}	0.0067 (0.25)	-0.0195 (-0.94)	-0.665^{***} (-4.44)	-0.326^{***} (-2.82)	0.250^{***} (2.97)

续表

变量	3 年滚动窗口期	5 年滚动窗口期	2009 ~ 2012 年	2013 ~ 2016 年	2017 ~ 2020 年
	(1)	(2)	(3)	(4)	(5)
$Dei_{t-1} \times LnQua_{t-1}$	-0.0479 *** (-3.74)	-0.0334 *** (-3.10)	-0.577 *** (-6.92)	-0.226 *** (-3.82)	0.152 * (1.84)
$Finadp$	0.0330 ** (2.43)	0.0111 (0.95)	0.149 *** (2.93)	0.204 *** (4.78)	0.0499 (0.52)
Pre	-0.0419 (-0.85)	-0.0492 (-1.53)	0.649 *** (3.87)	0.666 *** (4.43)	0.362 (1.65)
$LnRkmd$	0.0259 (1.28)	0.0275 *** (2.70)	-0.181 *** (-3.64)	-0.0906 (-1.33)	-0.113 *** (-4.12)
Eg	0.009 *** (4.02)	0.0024 (1.11)	0.00947 (1.03)	0.00461 (0.61)	0.0121 (0.69)
$Infra$	-0.0017 *** (-2.67)	-0.0021 *** (-3.96)	-0.0001 (-0.02)	-0.0015 (-0.86)	0.0022 (1.21)
Pop	-0.0656 *** (-2.65)	-0.0075 (-0.49)	0.0265 (0.38)	-0.413 * (-1.73)	0.110 (1.55)
$\_Cons$	-0.357 *** (-2.61)	-0.248 *** (-3.62)	0.415 (1.15)	0.249 (0.52)	0.104 (0.34)
时间固定效应	控制	控制	控制	控制	控制
城市固定效应	控制	控制	控制	控制	控制
obs	2 740	2 192	1 096	1 096	1 096
R^2	0.596	0.727	0.651	0.525	0.533

注：*** 、** 、* 分别表示在1%、5%、10%的显著性水平，括号内为 t 检验值。

（4）区位特征差异检验

为进一步考察由区位特征差异带来的数字经济对城市经济高质量发展"后发优势"的影响，本章将全样本划分为内陆地区和沿海地区两个经济板块进行分组回归，结果见表 7 - 5。

表7－5　　　　　　　　　稳健性检验结果Ⅱ

变量	内陆地区	沿海地区
	（1）	（2）
$\text{Ln}Qua_{t-1}$	－0.331***	－0.355***
	（－8.96）	（－17.67）
Dei_{t-1}	0.0666	0.0556*
	（1.24）	（1.85）
$Dei_{t-1} \times \text{Ln}Qua_{t-1}$	－0.0644**	－0.035*
	（－2.17）	（－1.92）
$Finadp$	0.172***	0.0917***
	（4.68）	（3.31）
Pre	0.335***	0.269***
	（2.61）	（3.03）
$\text{Ln}Rkmd$	－0.187***	－0.081***
	（－6.84）	（－4.40）
Eg	0.0096*	0.0229***
	（1.82）	（6.70）
$Infra$	－0.0009	－0.0005
	（－0.63）	（－0.75）
Pop	0.125**	－0.222***
	（2.00）	（－3.39）
$\_Cons$	0.625***	－0.210
	（2.88）	（－1.58）
时间固定效应	控制	控制
城市固定效应	控制	控制
obs	1 956	1 332
R^2	0.388	0.376

注：***、**、*分别表示在1%、5%、10%的显著性水平，括号内为t检验值。

由表7－5可知，对内陆地区和沿海地区而言，数字经济发展水平滞后一期与城市经济高质量发展水平滞后一期交互项的回归系数

分别为 -0.0644 和 -0.035，分别在 5% 和 10% 的水平上显著，说明无论是在内陆地区，还是在沿海地区，数字经济对城市经济高质量增长速度与前期经济高质量发展水平的负相关均具有正向调节效应。但是相较之下，内陆地区分样本回归结果中交互变量 $Dei_{t-1} \times \mathrm{Ln}Qua_{t-1}$ 回归系数的绝对值更大，说明相较于沿海地区，数字经济对内陆地区落后城市"后发优势"效应的促进作用更大，效果更明显。本节认为可能的原因在于，沿海地区城市之间的经济高质量发展水平相对均衡，城市之间的经济高质量发展差距相对较小，而内陆地区城市之间的经济高质量发展差距相对较大，数字经济对内陆地区落后城市经济高质量增长速度的提升效果更明显。

7.4 机制识别检验

7.4.1 机制检验结果分析

为验证假设 H2，考察数字经济能否通过促进市场一体化、创新能力提升以及城市化水平推动落后城市实现向发达城市的经济高质量发展追赶，本节使用中介效应模型对这一作用机制进行了实证检验，结果见表 7-6。

表 7-6　　　　　　　　　　　　机制识别检验结果

变量	市场一体化		创新能力提升		城市化水平	
	(1)	(2)	(3)	(4)	(5)	(6)
$\mathrm{Ln}Qua_{t-1}$	—	-0.439^{***} (-7.32)	—	-0.356^{***} (-10.41)	—	-0.319^{***} (-10.42)
Dei_{t-1}	0.503^{***} (2.86)	—	0.636^{***} (6.70)	—	0.156^{**} (2.41)	—

变量	市场一体化		创新能力提升		城市化水平	
	(1)	(2)	(3)	(4)	(5)	(6)
$Integ_{t-1}$	—	−0.0124*** (−3.05)	—	—	—	—
$Integ_{t-1} \times \mathrm{Ln}Qua_{t-1}$	—	−0.0089*** (−3.21)	—	—	—	—
Ric_{t-1}	—	—	—	0.0126*** (2.82)	—	—
$Ric_{t-1} \times \mathrm{Ln}Qua_{t-1}$	—	—	—	−0.0615*** (−3.33)	—	—
Urb_{t-1}	—	—	—	—	—	−0.115*** (−2.79)
$Urb_{t-1} \times \mathrm{Ln}Qua_{t-1}$	—	—	—	—	—	−0.0677*** (−2.87)
_Cons	5.088*** (3.18)	0.640 (1.40)	7.643*** (12.11)	0.129 (0.69)	−0.377 (−1.57)	−0.447*** (−8.08)
控制变量	控制	控制	控制	控制	控制	控制
城市固定效应	控制	控制	控制	控制	控制	控制
时间固定效应	控制	控制	控制	控制	控制	控制
obs	3 288	3 288	3 288	3 288	3 288	3 288
R^2	0.710	0.163	0.956	0.375	0.862	0.345

　　注：***、**、*分别表示在1%、5%、10%的显著性水平，括号内为 t 检验值，"—"表示空值，限于篇幅其他控制变量的估计结果未予报告。

　　表 7 – 6 中，第（1）、（3）和（5）列为模型（7.2）的回归结果，当市场一体化、创新能力提升以及城市化水平分别作为被解释变量时，数字经济的回归系数分别为 0.503、0.636 和 0.156，分别在 1%、1% 和 5% 的水平上显著，说明数字经济的发展能够促进市场一体化，提高城市创新能力以及加速城市化进程。第（2）、（4）和（6）列报告了模型（7.3）的回归结果，城市经济高质量发展水平滞

后一期的回归系数分别为 – 0.439、– 0.356 和 – 0.319，均通过了
1% 的显著性水平。说明城市经济高质量增长速度与前期经济高质量
发展水平呈现出负相关，而交互变量 $Integ_{t-1} \times LnQua_{t-1}$、$Ric_{t-1} \times$
$LnQua_{t-1}$ 和 $Urb_{t-1} \times LnQua_{t-1}$ 的回归系数为 – 0.0089、– 0.0615 和
– 0.0677，均在 1% 的水平上显著，说明市场一体化、创新能力提升
与城市化水平对城市经济高质量发展"后发优势"具有促进作用，
即数字经济通过促进市场一体化、提高创新能力和城市化水平能够显
著推动落后城市实现向发达城市的经济高质量发展追赶。

7.4.2　稳健性检验

借鉴前文的研究，本节同样从内部有效性和外部有效性两个方面
进行稳健性检验，其中内部有效性检验采用"宽带中国"战略实施
作为一项外生的政策冲击，以多期双重差分模型评估这一现实问题，
外部有效性则从内陆地区和沿海地区的区位特征差异进行机制识别
的异质性分析。

（1）"宽带中国"战略实施

2013 年 8 月，国务院颁布了《国务院关于印发"宽带中国"战
略及实施方案的通知》，标志着在国家战略的行动中，数字经济发展
将占据着重要的一席之地。"宽带中国"战略的实施旨在提升宽带用
户规模、提高宽带网络速度以及增强数字化网络覆盖范围等，为此工
业和信息化部、国家发展和改革委员会分别于 2014 年、2015 年和
2016 年分三批共遴选了 120 个城市（群）作为实施"宽带中国"的
示范城市。为进一步检验数字经济对城市经济高质量发展"后发优
势"的影响效应及作用机制，本节将"宽带中国"这一政策的实施
作为一项外生冲击，采用多期双重差分模型进行验证，模型设定
如下：

$$g_{i,t} = \alpha + \beta_1 Ln\,Qua_{i,t-1} + \beta_2 Policy_{i,t} + \beta_3 Policy_{i,t} \times LnQua_{i,t-1}$$

$$+ \sum_{k=1} \beta_k Control_{i,k,t} + \upsilon_i + u_t + \varepsilon_{i,t} \qquad (7.11)$$

其中，$Policy$ 代表"宽带中国"战略试点的政策虚拟变量，如果某一城市入选"宽带中国"战略试点，则将该城市作为实验组，而非试点城市则视为控制组，将"宽带中国"战略试点当年及之后年度的实验组赋值为 1，试点之前年度的实验组赋值为 0，控制组样本赋值为 0，其余变量的含义同式（7.2）。进一步地，使用中介效应模型检验"宽带中国"影响城市经济高质量发展"后发优势"的作用机制，模型设定如下：

$$Med_{i,t} = \alpha_0 + \alpha_1 Policy_{i,t} + \sum_{k=1} \beta_k Control_{i,k,t} + \upsilon_i + u_t + \varepsilon_{i,t}$$

$$(7.12)$$

其中，Med 表示中介变量，即市场一体化水平（$Integ$）、创新能力（Ric）和城市水平（Urb），其余变量的含义同式（7.3），结果见表 7-7。

表 7-7　　　　　　　　　机制识别的稳健性检验

变量	(1)	市场一体化	创新能力提升	城市化水平
		(2)	(3)	(4)
$LnQua_{t-1}$	-0.333 *** (-10.32)	—	—	—
$Policy$	-0.0368 * (-1.92)	0.0159 ** (1.97)	0.167 *** (4.03)	0.0097 * (1.84)
$Policy \times LnQua_{t-1}$	-0.0227 * (-1.82)	—	—	—
$Finadp$	0.152 *** (6.17)	0.0107 (0.30)	-0.270 ** (-2.44)	0.0016 (0.07)
Pre	0.251 *** (2.97)	0.0632 (0.60)	1.360 *** (3.14)	0.313 *** (4.17)
$LnRkmd$	-0.0031 *** (-3.57)	-0.0474 ** (-1.99)	0.0891 ** (2.22)	-0.0311 *** (-2.75)

变量	（1）	市场一体化	创新能力提升	城市化水平
		（2）	（3）	（4）
Eg	0.0165 *** (4.76)	0.0251 *** (5.10)	0.0679 *** (3.52)	0.0115 *** (2.74)
Infra	−0.0005 (−0.38)	0.0007 (0.46)	0.0047 (1.36)	−0.0027 (−1.59)
Pop	−0.0734 (−1.49)	−0.029 (−0.41)	−0.0002 (−0.83)	−0.0025 *** (−3.64)
_Cons	−0.829 *** (−10.24)	3.747 *** (21.47)	−1.014 *** (−3.26)	0.477 *** (9.75)
城市固定效应	控制	控制	控制	控制
时间固定效应	控制	控制	控制	控制
obs	3 288	3 288	3 288	3 288
R^2	0.346	0.845	0.829	0.844

注：***、**、* 分别表示在1%、5%、10%的显著性水平，括号内为 t 检验值，"—"表示空值。

表7 - 7 第（1）列报告了"宽带中国"战略实施对城市经济高质量发展"后发优势"的影响作用，可以看出，政策实施与城市经济高质量发展水平滞后一期交互项的回归系数为 − 0.0227，在10%的水平上显著，说明"宽带中国"试点有助于提高落后城市的经济高质量增长速度，推动落后城市实现向发达城市的经济高质量发展追赶。第（2）~（4）列分别报告了"宽带中国"试点对市场一体化、创新能力提升以及城市化水平的影响，其回归系数分别为 0.0159、0.167 和 0.0097，分别在5%、1% 和10%的水平上显著，说明"宽带中国"试点促进了市场一体化、城市创新能力和城市化水平的提升，即市场一体化、创新能力提升与城市化水平是数字经济推动落后城市经济高质量发展"后发优势"的三条重要渠道。

（2）机制识别的区位特征差异检验

表 7-8 和表 7-9 分别报告了内陆地区和沿海地区分样本回归得到的机制识别检验结果。

表 7-8　　　　　　　　　　内陆地区机制识别检验结果

变量	内陆地区					
	市场一体化		创新能力提升		城市化水平	
	(1)	(2)	(3)	(4)	(5)	(6)
$LnQua_{t-1}$	—	-0.399^{***} (-5.78)	—	-0.345^{***} (-8.45)	—	-0.312^{***} (-9.58)
Dei_{t-1}	0.349 (1.58)	—	0.499^{***} (4.48)	—	0.140^{***} (3.07)	—
$Integ_{t-1}$	—	-0.0206^{***} (-2.63)	—	—	—	—
$Integ_{t-1} \times LnQua_{t-1}$	—	-0.0142^{***} (-2.70)	—	—	—	—
Ric_{t-1}	—	—	—	0.005 (0.87)	—	—
$Ric_{t-1} \times LnQua_{t-1}$	—	—	—	-0.0694^{***} (-2.80)	—	—
Urb_{t-1}	—	—	—	—	—	-0.0669 (-1.04)
$Urb_{t-1} \times LnQua_{t-1}$	—	—	—	—	—	-0.0551^{*} (-1.79)
$\_Cons$	7.821^{***} (3.44)	0.991 (1.20)	7.619^{***} (8.94)	0.569^{**} (2.45)	-0.222 (-1.08)	-0.506^{***} (-5.64)
控制变量	控制	控制	控制	控制	控制	控制
城市固定效应	控制	控制	控制	控制	控制	控制
时间固定效应	控制	控制	控制	控制	控制	控制
obs	1 956	1 956	1 956	1 956	1 956	1 956
R^2	0.738	0.155	0.938	0.327	0.839	0.342

注：$***$、$**$、$*$ 分别表示在 1%、5%、10% 的显著性水平，括号内为 t 检验值，"—"表示空值，限于篇幅其他控制变量的估计结果未予报告。

表7-9　　　　　　　　　　沿海地区机制识别检验结果

变量	沿海地区					
	市场一体化		创新能力提升		城市化水平	
	(1)	(2)	(3)	(4)	(5)	(6)
$LnQua_{t-1}$	—	-0.506 *** (-4.44)	—	-0.401 *** (-12.91)	—	-0.353 *** (-13.38)
Dei_{t-1}	1.040 *** (3.37)	—	1.066 *** (5.01)	—	0.111 (1.22)	—
$Integ_{t-1}$	—	-0.0087 ** (-2.01)	—	—	—	—
$Integ_{t-1} \times LnQua_{t-1}$	—	-0.0059 ** (-2.15)	—	—	—	—
Ric_{t-1}	—	—	—	0.0231 *** (4.32)	—	—
$Ric_{t-1} \times LnQua_{t-1}$	—	—	—	-0.0327 * (-1.77)	—	—
Urb_{t-1}	—	—	—	—	—	-0.0793 (-1.44)
$Urb_{t-1} \times LnQua_{t-1}$	—	—	—	—	—	-0.0378 (-1.05)
$\_Cons$	0.573 (0.38)	-0.0487 (-0.28)	7.169 *** (8.28)	-0.976 *** (-10.55)	-0.282 (-0.66)	-0.221 (-1.40)
控制变量	控制	控制	控制	控制	控制	控制
城市固定效应	控制	控制	控制	控制	控制	控制
时间固定效应	控制	控制	控制	控制	控制	控制
obs	1 332	1 332	1 332	1 332	1 332	1 332
R^2	0.701	0.251	0.955	0.312	0.873	0.309

　　注：***、**、*分别表示在1%、5%、10%的显著性水平，括号内为t检验值，"—"表示空值，限于篇幅其他控制变量的估计结果未予报告。

表7-8第（1）、（3）和（5）列显示，当市场一体化作为被解

释变量时，数字经济的回归系数为 0.349，在统计水平上不显著，说明数字经济对内陆地区市场一体化进程的促进作用未能得到充分显现，当创新能力提升和城市化水平作为被解释变量时，数字经济的回归系数分别为 0.499 和 0.140，均在 1% 的水平上显著，说明数字经济的发展能够显著促进内陆地区城市的创新能力提升与城市化进程，进一步由第（4）和（6）列可知，交互变量 $Ric_{t-1} \times \mathrm{Ln}Qua_{t-1}$ 和 $Urb_{t-1} \times \mathrm{Ln}Qua_{t-1}$ 的回归系数分别为 -0.0694 和 -0.0551，分别在 1% 和 10% 的水平上显著，说明在内陆地区，创新能力提升与城市化水平是数字经济推动落后城市实现向发达城市经济高质量发展追赶的两条重要途径。

表 7-9 报告了沿海地区分样本回归得到的机制识别检验结果，同理，当市场一体化与创新能力提升作为被解释变量时，数字经济的回归系数分别为 1.040 和 1.066，均在 1% 的水平上显著，且交互变量 $Integ_{t-1} \times \mathrm{Ln}Qua_{t-1}$ 和 $Ric_{t-1} \times \mathrm{Ln}Qua_{t-1}$ 的回归系数分别为 -0.0059 和 -0.0327，分别在 5% 和 10% 的水平上显著，说明市场一体化与创新能力提升是数字经济推动沿海地区落后城市发挥"后发优势"的两条重要途径。但是当城市化水平作为被解释变量时，数字经济的回归系数为 0.111，在统计水平上不显著，即数字经济对促进沿海地区城市化水平提升的功效不明显，可能的原因是沿海地区基础设施建设完善，城市化水平相对较高，数字经济对提升城市化水平的作用有限。

7.5　本章小结

本章在前文理论分析的基础上，采用面板固定效应模型和中介效应模型从效果和机制两个视角实证考察了数字经济对城市经济高质量发展"后发优势"的影响效应，得到了以下研究结论：

第一，城市经济高质量增长速度与前期经济高质量发展水平呈现出明显的负相关，而数字经济对二者之间的负相关具有显著的正向调节效应，即数字经济有助于提高落后城市的经济高质量增长速度，推动落后城市实现向发达城市的经济高质量发展追赶。

第二，区位特征差异检验表明，相较于沿海地区，数字经济对内陆地区落后城市"后发优势"效应的促进作用更强。阶段性特征差异分析表明，2017年之后数字经济对促进落后城市实现向发达城市经济高质量发展追赶的功效下降。

第三，市场一体化、创新能力提升和城市化水平是数字经济促进城市经济高质量发展"后发优势"效应的三个重要渠道，即数字经济通过促进市场一体化、提高创新能力和加快城市化进程能够显著驱动落后城市实现向发达城市的经济高质量发展追赶。作用机制的异质性检验表明，创新能力提升与城市化水平是数字经济促进内陆地区落后城市经济高质量发展"后发优势"效应的两条主要途径，而市场一体化与创新能力提升是数字经济促进沿海地区落后城市经济高质量发展"后发优势"效应的两条主要途径。

第 8 章

研究结论、政策建议及展望

本章首先归纳总结了前文的研究结论，其次从推进数字经济健康发展和区域经济高质量协同发展两个视角提出相应的政策建议，最后是本文后续的研究展望。

8.1 研究结论

在数字经济快速演进以及经济高质量发展客观要求的背景下，本章采用理论演绎与实证检验相结合的方法，对数字经济与城市经济高质量发展之间的关系进行了考察。首先，在已有研究的基础上，从城市经济高质量发展的"五大理念"出发，揭示了数字经济对城市经济高质量发展的影响效应，并从数字经济发展释放的规模效应、融合替代效应、资源配置效应以及知识外溢效应四个方面探讨了数字经济对促进城市经济高质量发展"后发优势"的理论逻辑。其次，围绕数字经济和城市经济高质量发展的核心特征与理论内涵，构建了多维综合评价指标体系，探究我国城市数字经济和经济高质量发展的时空变动趋势及内部竞争力结构。最后，使用面板门限模型、空间计量模型、面板固定效应模型以及中介效应模型实证检验了数字经济对城市经济高质量发展及"后发优势"效应的直接影响与作用机制。得到了以下结论：

第一，2012年党的十八大以来，我国城市数字经济发展水平整体上表现为明显的加速趋势，但是从空间维度来看，城市数字经济发展水平仍呈现出鲜明的"数字鸿沟"现象，即从东部到中西部以及东北地区的城市数字经济发展水平逐渐递减。从内部竞争力结构来看，城市之间在数字经济发展各领域具有较高的互补性，推动城市数字经济协同发展将是提高我国数字经济发展水平的重要途径之一。

第二，数字经济与城市经济高质量发展之间存在非线性关系，这种非线性关系表现为一种边际产出递增趋势，即随着数字经济发展水平的不断提升，其对城市经济高质量发展的促进作用不断增强。说明数据要素与传统生产要素的融合能够带来边际效应递增（或非递减）的作用效果，且对区位特征差异和城市等级差异下的异质性分析具有同样的研究结论。此外，当前我国城市数字经济发展在全域层面上表现出明显的非均衡状态，相较于东部地区，中西部以及东北地区的城市数字经济发展水平相对较低，数字经济对城市经济高质量发展的促进作用仍存在一定的上升空间。

第三，从政府行为视角出发，进一步考察了数字经济对城市经济高质量发展的非线性效应。结果显示，当政府创新偏好作为门限变量时，数字经济对城市经济高质量发展存在"加速效应"，当政府治理效率作为门限变量时，数字经济对城市经济高质量发展存在先"加速"后"收敛"的倒"U"型变化趋势。这一研究结论在区位特征差异和城市等级差异下存在异质性结果。对西部、东北地区以及普通城市而言，科学合理的科技创新投入有助于提高数字经济对城市经济高质量发展的促进作用，而过度的科技创新投入反而可能导致创新资源的冗余和浪费，降低数字经济与城市经济高质量发展之间的正向效应。相较于直辖市、副省级城市、省会城市和计划单列市等非普通城市，政府治理效率在影响数字经济与普通城市经济高质量发展正向效应中的功效呈现出先上升后下降的倒"U"型趋势。

　　第四，使用静态和动态空间计量模型实证检验了数字经济对城市经济高质量发展的空间溢出效应。结果表明，数字经济对城市经济高质量发展不仅存在"本地效应"，还存在明显的空间溢出效应，即数字经济能够促进"本地－邻地"经济高质量均衡化发展，并且长期效应要显著大于短期效应，即数字经济长期积累对城市经济高质量发展的"本地效应"和空间溢出效应更强，这一结论与东部、中部和西部地区分样本得到的研究结论相似。但是对东北地区而言，数字经济对城市经济高质量发展无论是"本地"还是"邻地"都不具备明显的促进作用，说明在东北地区，数字经济对城市经济高质量发展的经济效应未能得到充分显现。阶段性特征差异检验显示，2012 年党的十八大召开以来，数字经济对城市经济高质量发展的空间溢出效应得到了显著增强。

　　第五，城市经济高质量增长速度与前期经济高质量发展水平呈负相关，而数字经济对二者的负相关存在显著的正向调节效应，即数字经济对城市经济高质量发展"后发优势"效应具有促进作用，但是这一研究结论在区位特征差异和阶段性特征差异下具有异质性。相较于沿海地区，数字经济对内陆地区落后城市经济高质量发展"后发优势"效应的促进作用更强。阶段性特征差异分析表明，2017 年之后，数字经济对城市经济高质量发展"后发优势"的促进作用减弱。中介效应模型检验显示市场一体化、创新能力提升以及城市化水平是数字经济促进城市经济高质量发展"后发优势"效应的三个重要渠道。机制识别的异质性检验表明，创新能力提升与城市化水平是数字经济促进内陆地区落后城市经济高质量发展"后发优势"效应的两条主要途径，而市场一体化与创新能力提升是数字经济促进沿海地区落后城市经济高质量发展"后发优势"效应的两条主要途径。

8.2 政策建议

8.2.1 推动我国数字经济健康发展的对策建议

当前，我国的数字经济发展面临的问题主要包含以下几个方面：

第一，企业的数字化转型思路不清晰，数字技术利用率较低，数字产业引擎效果不强。

作为数字经济时代进行数字化转型的最小主体单位，企业的数字化转型不仅是指企业对自身业务的技术改进，还包括企业的经营理念、组织结构以及发展战略的全方位变革。企业的数字化转型不仅是技术问题，还是意识和思维问题。但是当前部分企业，尤其是中小企业对数字化转型的认知主要还停留在信息化转型阶段，缺少对企业数字化系统改造的战略思维。例如，部分企业将智能信息系统引入生产端，但是没有从企业整体运行的视角出发进行数字化改造，从而导致企业运行效率整体成效不明显。此外，当前我国的数字化转型主要集中在第三产业，而农业、工业等行业的数字化转型仍存在一定壁垒，进一步限制了我国的数字经济发展。

第二，我国数字经济发展仍处于初级阶段，数字基础设施建设不完善，数字技术的核心创新能力仍较弱。

"要想富，先修路"，深入阐释了基础设施建设对于经济增长和社会发展的重要意义。基础设施建设主要包括新型数字基础设施建设和传统基础设施建设。当前，我国的传统基础设施建设在全球处于相对领先地位，但是新型数字基础设施建设整体上相对滞后。具体而言，我国虽然拥有全球领先的 5G 技术和工业互联网，但是在云计算、数据收集与分析、人工智能以及数据迁徙宽带等新型数字基础设施建设方面与发达国家仍存在一定差距。以云计算为例，我国目前缺乏能够有效整合数据资源、进行统一配置的 PaaS（Platform－as－a－Service）云平台，导致在我国数据孤岛的现象依然严重。企业 IT 应用研发相对分散，数字化转型成本较高。此外，智能传感器、核心工业软件以及数控系统等核心技术仍要依赖于发达国家，核心技术和第三方服务供应不足进一步制约了我国的数字经济发展。

第三，数字化人才供给数量和质量未能满足我国数字化转型的现实需求。

数据资源的高效利用是加快数字化转型，促进经济高质量发展的重要环节之一，其中数字化人才在数据搜集、整理和分析的过程中扮演着重要的角色，但是当前我国数字化人才的数量和质量仍不能满足现实需求。根据《中国 ICT 人才生态白皮书》的报告显示，2020 年我国数字领域的人才缺口约为 1 246 万人，数字化人才供给不仅表现为数量上的短缺，还表现为结构性短缺。例如，我国的数字化人才主要集中在第三产业，但是第二产业和第一产业的数字化人才缺口较大。从地区分布来看，数字化人才主要集中在东部沿海发达城市，而中西部以及东北地区城市的数字化人才流失严重。总体而言，数字化人才供给不足将严重制约我国的数字经济发展。

第四，数字化转型缺乏系统的规范和监管，信息安全保护机制仍需进一步加强。

当前，我国正处于由消费互联网向产业互联网快速演进的深度变革期，数字平台得到了快速发展，但是我国目前对数字平台采取包容审慎的态度，从而导致数字平台在发展过程中没有受到相应的监管。首先，部分创立较早的平台企业通过率先发展积累了雄厚的技术、人脉和资本竞争力，在数字效应、网络效应和寡头竞争的作用下，形成了垄断地区，这对平台经济的健康发展可能产生严重的冲击和破坏。其次，借助人工智能和大数据分析等数字技术，平台经济领域极易出现价格歧视、"大数据杀熟"、算法合谋等新型垄断行为，相较于传统的垄断行为，新型垄断行为对消费者权益造成的伤害更大，对市场的公平效率也极易产生严重的负面影响。最后，由于缺乏对数字平台的规范监管，导致平台经济的用户信息等隐私性问题极易被泄露，甚至部分企业公然交换或售卖用户信息，这无疑为平台经济的健康发展埋下了巨大隐患。

为更好地促进我国数字经济健康发展，本章探索性提出如下对策建议：

第一，增强和夯实数字化转型的顶层设计，不断优化数字经济发展的战略指导。

产业数字化与数字化产业是数字经济时代进行数字化转型的核心，这是一项系统、复杂的工程。要想充分享受数字化转型带来的红利，必须从经济效益、社会福利和国家安全等多个视角出发，综合考虑数字化转型的影响，突出全局性、战略性和前瞻性，明确数字化转型在构建"中国式现代化"经济体系和提高国家竞争新优势中的重要作用，制定出数字化转型的战略规划，完善数字化转型的治理体系，为规范数字化转型提供坚实的制度保障。

第二，进一步加强核心数字技术攻关，补齐数字化转型发展短板。

数字技术能否加快实现自主创新，事关我国数字化转型的成败，因此有必要利用我国经济制度的优越性，将集中力量办大事这一"比较优势"充分发挥出来，切实提高数字技术的基础研发能力，积极参与全球数字技术科技攻关。一方面，要充分发挥数字技术创新的引领性作用，重点加强高精尖技术创新，推动互联网、大数据分析、人工智能等各类数字技术与经济社会领域各行业的深度融合，在创新引领、绿色低碳、共享经济等领域培育新业态和新模式，促进经济高质量发展；另一方面，要进一步激发创新主体的自主创新动力与活力，整合利用大众创新资源，增强创新要素集聚效应，构建跨区域、跨部门、跨行业的创新网络结构模式，构筑"虚拟世界"与现实世界相结合的开放式创新服务载体，着力打造多元创新主体创新互补的数字经济创新体系，加快数字化转型步伐。

第三，持续提升新型数字基础设施建设体系，不断夯实数字化转型成果。

数字基础设施建设是数字化转型的基石。一方面，要持续推进城乡宽带普及，加快移动通信网络改造升级，重点建设绿色低碳、云网融合、高速泛在以及智能便捷的新型数字基础设施，构建大数据综合应用平台，加快改造升级城乡网络平台，尤其是加快推进全国互联网基础设施建设，为数字经济发展提供软硬件支持；另一方面，要大力发展物联网、区块链、人工智能和大数据分析等领域的基础性业务开放平台，持续加深企业与高校的合作，充分发挥资源优势推进国家重点实验室、国家工程实验中心以及国家级科技平台的建设和布局，全面打通数字经济发展的"大动脉"。

第四，构建数字技术人才评价与激励相协调的数字人才发展体系。

数字技术人才是我国未来参与全球数字经济竞争的核心驱动力。一是要统筹数字技术人才的培养规划体系，通过对各行业数字化人才的需求调研，加快培育具有核心技术、创新思维活跃的数字技术人才，在全社会形成专业型、市场型、融合型以及领军型的数字技术人才梯队。二是要创新数字技术人才的培养和管理体系，充分发挥市场的主导性作用，培育专业技术精深、具有跨界融合以及服务创新强的应用技术推广人才。三是要构建适应数字经济发展特点的人才评价机制，通过完善利益分配机制，在技术入股、人才入股以及财税政策等方面给予鼓励和支持，激发数字技术人才的创新意识和能力。四是要充分发挥行业协会、培训机构以及认定机构的第三方作用，完善数字技术人才培育体系的构建，不断提高数字技术人才的全球竞争力。

第五，建立健全数据要素市场规则，为数字经济发展提供要素保障。

数据要素市场的高效运行是数字化转型的重要保障，要通过规范数据要素市场，进一步加快数字化转型进程。当前，我国地区之间的数据壁垒仍然存在，数字经济对经济高质量发展的功效仍未能充分体现。一方面，要统筹数据开发和利用的行为规范，建立健全数据产业交易机制，积极培育进行数据交易的平台和市场主体，切实提高数据流通的安全性和高效性；另一方面，要加快推进信息数据的保护和立法工作，完善信息数据分类保护制度。首先对信息数据的私密性进行评级确定，然后按照不同的等级进行流通和保护。对于涉及我国核心机密的数据要实施最高等级的保护，以防国外分裂势力的窃取。与此同时，要构建国家网络安全保障平台，推动跨区域、跨部门、跨行业的协同联动，完善网络安全事件的快速响应机制。

第六，着力营造良性健康的数字化生态，为产业数字化转型提供健康高效的外部环境。

在数字经济时代，数字化生态环境的构建能够为产业的数字化转型提供重要保障。在依法支持工业互联网平台和消费互联网平台进行技术创新，增强平台企业国际竞争力的同时，要依法对平台企业，尤其是消费互联网平台进行严格规范的监管，防止平台垄断对消费者权益造成的伤害。此外，有必要进一步完善平台企业运行和监管规则，对《反垄断法》进行不断的修改和补充，持续完善相关法律法规和伦理审查制度，依法依规保护消费者的合法权益。

8.2.2 数字经济促进区域经济高质量协同发展的对策建议

推动区域经济高质量协同发展是新发展阶段我国经济发展的一个重要目标。这一过程不仅是实现我国经济可持续增长的重要依托，也是实现社会主义现代化总体目标的基本保障，更是促使全国各族人民共享发展成果的重要前提。本文立足于数字经济驱动经济高质量发展的内在机理，在研究结论的基础上，提出如下政策建议：

第一，驱动数字经济协调发展，打造数字经济发展新格局。当前，我国地区间仍面临着较为严重的"数字鸿沟"，数字产业过度集中于东部地区，而中西部以及东北地区的数字经济发展水平相对滞后。因此，政府相关部门要统筹数字产业空间布局，加强对中西部和东北地区的数字产业支持，推动区域数字经济的协调发展。首先，要加大中西部和东北农村地区的传统基础设施网络化建设力度，推动公共基础设施向数字化基础设施建设转型，切实提高这些地区的数据收集和分析能力。其次，要因地制宜，精准施策。对东部地区而言，要以全球领先技术为目标，优先布局具有高精尖技术的数字产业，重点攻克诸如半导体和高性能计算、先进通信技术以及数据存储和数据管理等核心数字技术领域，积极抢占科技创新的世界高地。对中西部和东北地区而言，要立足现有资源，积极承接来自东部地区的传统制造业、先进农业技术的数字产业转移，在全国范围内形成优势互补、协同发展的数字经济新格局。

第二，构建全国统一大市场，促进生产资料跨区域配置效率的提升。在数字经济时代，传统的地理边界概念被逐渐弱化，这为构建全国统一大市场提供了得天独厚的优势。相较于东部等发达地区，中西部以及东北等欠发达地区面临的市场分割现象尤为严重，这无疑会加剧要素市场配置效率的扭曲程度，弱化整体市场竞争环境，而构建全国统一大市场不仅有助于落后地区学习发达地区先进的技术和管理经验，还有助于发挥举国体制的优势，对全球先进的生产要素进行"虹吸"，促进国内国际双循环的高效发展。具体而言，一方面要借助互联网平台可复制、低成本的优势，推动产业链生态体系和传统制造业模式的数字化转型，进而逐渐打破产业之间的传统边界，促进产业之间的广泛融合，驱动产业创新模式向高效共享和协同发展的趋势演进。另一方面，要以直辖市、省会城市和副省级城市等发达城市为基础，构建城市之间产业分工互补的经济发展关系，为推动城市经济高质量协同发展提供产业基础。此外，要持续弥补区域间营商环境、医疗教育、养老保障等公共服务的差异性，推动全国统一公共服务体系的构建。

第三，打造平台经济和新业态经济，充分发挥地区资源比较优势。当前，我国数字经济发展已由消费互联网时代迅速向产业互联网时代演进，其竞争的核心已由技术产品和供应链竞争转向数字平台竞争，构建统一、高效的数字平台成了竞争趋势。在此背景下，一方面，要不断完善数字平台产业服务，激励企业的研发设计、经营销售以及相关的金融服务向数字平台集聚，重点支持中西部和东北地区制造业企业、信息通信技术企业和互联网企业借助工业互联网平台积极向东部高技术企业进行交流与学习，从全国层面打造高效的产业生态圈。另一方面，要完善专业化的生产服务业、研发设计、批发零售、文化传媒等服务平台的建设，聚焦欠发达地区的资源比较优势，借助专业化的产品销售和服务平台，将经济欠发达地区的特色产品推销出去，推动低收入群体实现收入渠道多元化，不断缩小城乡经济发展差距，推动区域经济高质量协同发展。

第四，持续完善数字经济发展制度和法规体系建设，不断释放数据要素的使用价值。数据要素是数字经济时代最重要的生产要素之一，数据要素的"技术"和"资本"属性能否充分释放关系到我国的经济高质量发展水平，然而目前关于数据要素的归属权以及使用权、数据开放和流通等问题仍然缺乏专门的立法设计。因此，一方面要从数字经济发展的顶层设计出发，进一步优化推动数字经济发展的法律法规，出台和完善数字化产业与产业数字化的政策措施，充分发挥我国制度优势和市场规模优势；另一方面要加快构建技术手段先进、数据深度挖掘的数字经济运行监测体系，加强统计数据深度挖掘，并进一步强化新业态领域的统计数据分析。此外，要积极探索将数据资产纳入国民经济核算领域的理论方法与制度设计，加强数字经济领域的统计数据分析，为推动区域经济高质量协同发展提供科学的决策支撑。

8.3　未来研究展望

本书围绕"数字经济如何影响城市经济高质量发展？数字经济对城市经济高质量发展'后发优势'具有怎样的影响，作用渠道是什么？"等问题进行了探索性研究，以期形成理论与实践相结合的系统、完整的研究成果。但是限于自身认知结构、数据资料等方面的限制，本书仍存在进一步深入研究的空间，具体主要包含以下几个方面：

第一，已有文献关于数字经济规模的测算主要有两种方法：一是使用国民经济核算相关方法，即通过筛选数字经济相关产品，构建数字经济核算框架，进而测算数字经济规模；二是利用能反映数字经济的相关指标构建综合评价体系的方法，以衡量数字经济发展水平。相较于后者，通过采用国民经济核算的方法测算数字经济规模能够更加准确地衡量地区数字经济发展水平，但是限于城市层面数据的可得性，本书采用构建综合评价指标体系的方法来衡量数字经济发展水平，这无疑是本书的一个"遗憾"，后续本书将深入学习和探讨采用国民经济核算的方法测算地区数字经济规模，以期得到更加有益的研究结论。

第二，本书的理论模型是在假定经济体不参与国际经济贸易、处于封闭环境下的数字经济对经济增长的影响，但是要想实现"中国式现代化"这一宏伟目标，仍需要坚定不移地走对外开放的道路，党中央和国务院也多次强调实施高质量对外开放对经济增长具有重要的意义。因此，本书的后续研究将沿着数字经济影响经济高质量发展这一主线，基于当前的研究成果，进一步扩展研究视野，深入剖析数字经济背景下国际数字服务贸易与经济高质量发展之间的关系，对本书的研究成果作进一步的扩展和深化。

第三，数据要素作为数字经济时代最重要的生产要素之一，极大地改变了落后地区获取知识和信息的能力，但是数据要素的获取只是实现经济高质量发展的开始，也可以说是最简单的部分，对数据要素的高效利用才是最关键的一个环节。然而已有文献关于提升数据要素利用效率的研究较少，其中一个最重要的原因在于，数据要素的虚拟性及确权问题尚未得到有效解决。因此本书后续将通过与统计学、法学等相关专业的学者交流与合作，尝试探索构建提升数据要素利用效率的理论框架和运行模式，以期为更好地利用数字经济红利作出自己的贡献。

附录 1 中国城市数字经济发展综合评价指数

2009～2020 年中国城市数字经济发展综合评价指数

省份	2009年	2010年	2011年	2012年	2013年	2014年	2015年	2016年	2017年	2018年	2019年	2020年
北京市	0.772	0.977	1.001	1.294	1.481	1.613	1.821	2.170	2.268	2.434	2.734	3.243
天津市	0.342	0.386	0.378	0.520	0.623	0.628	0.808	0.896	0.956	1.025	1.066	1.140
河北省	0.147	0.171	0.200	0.302	0.431	0.439	0.549	0.615	0.688	0.719	0.757	0.802
山西省	0.132	0.154	0.178	0.276	0.393	0.410	0.524	0.586	0.633	0.654	0.691	0.727
内蒙古自治区	0.123	0.150	0.170	0.287	0.423	0.467	0.541	0.580	0.649	0.641	0.667	0.699
辽宁省	0.129	0.151	0.176	0.288	0.403	0.448	0.553	0.593	0.636	0.671	0.696	0.724
吉林省	0.126	0.140	0.168	0.273	0.368	0.432	0.525	0.566	0.613	0.644	0.664	0.689
黑龙江省	0.111	0.129	0.160	0.262	0.385	0.427	0.516	0.577	0.615	0.632	0.659	0.684
上海市	0.634	0.741	0.720	0.954	1.216	1.270	1.406	1.529	1.806	2.018	2.255	2.590
江苏省	0.179	0.211	0.250	0.372	0.505	0.526	0.634	0.720	0.812	0.882	0.943	1.021
浙江省	0.212	0.238	0.272	0.402	0.537	0.563	0.680	0.724	0.813	0.893	0.943	1.007
安徽省	0.110	0.131	0.156	0.276	0.391	0.456	0.552	0.618	0.681	0.734	0.729	0.775

续表

省份	2009年	2010年	2011年	2012年	2013年	2014年	2015年	2016年	2017年	2018年	2019年	2020年
福建省	0.159	0.232	0.227	0.353	0.494	0.517	0.630	0.682	0.763	0.821	0.847	0.891
江西省	0.117	0.131	0.154	0.277	0.396	0.463	0.549	0.614	0.671	0.723	0.714	0.754
山东省	0.140	0.168	0.199	0.320	0.449	0.474	0.576	0.634	0.694	0.743	0.787	0.842
河南省	0.117	0.139	0.166	0.269	0.395	0.426	0.527	0.600	0.663	0.711	0.752	0.801
湖北省	0.123	0.145	0.172	0.296	0.426	0.450	0.554	0.626	0.681	0.735	0.772	0.811
湖南省	0.116	0.134	0.161	0.280	0.399	0.413	0.522	0.576	0.644	0.685	0.722	0.763
广东省	0.214	0.249	0.283	0.405	0.524	0.546	0.650	0.707	0.800	0.877	0.914	0.989
广西壮族自治区	0.122	0.138	0.170	0.273	0.382	0.405	0.511	0.570	0.623	0.664	0.688	0.718
海南省	0.155	0.187	0.212	0.318	0.456	0.524	0.589	0.603	0.697	0.734	0.757	0.788
重庆市	0.279	0.562	0.681	0.543	0.727	0.777	0.942	1.035	1.152	1.317	1.418	1.476
四川省	0.129	0.155	0.173	0.290	0.390	0.422	0.535	0.599	0.659	0.688	0.707	0.748
贵州省	0.108	0.141	0.152	0.267	0.392	0.431	0.550	0.593	0.646	0.682	0.711	0.747
云南省	0.144	0.158	0.171	0.260	0.381	0.419	0.522	0.589	0.627	0.671	0.700	0.735
陕西省	0.141	0.168	0.196	0.299	0.415	0.421	0.528	0.593	0.643	0.682	0.713	0.764
甘肃省	0.105	0.125	0.145	0.257	0.367	0.474	0.506	0.521	0.594	0.620	0.653	0.691
青海省	0.169	0.192	0.211	0.288	0.417	0.405	0.561	0.588	0.661	0.706	0.754	0.809
宁夏回族自治区	0.099	0.117	0.144	0.255	0.361	0.404	0.527	0.529	0.597	0.622	0.643	0.668
新疆维吾尔自治区	0.140	0.172	0.216	0.320	0.446	0.458	0.562	0.602	0.667	0.708	0.747	0.777
平均值	0.186	0.230	0.255	0.369	0.499	0.537	0.648	0.714	0.788	0.845	0.893	0.962

附录2　中国城市经济高质量发展综合评价指数

2009～2020年中国城市经济高质量发展综合评价指数

省份	2009年	2010年	2011年	2012年	2013年	2014年	2015年	2016年	2017年	2018年	2019年	2020年
北京市	0.653	0.643	0.662	0.737	0.773	0.819	0.913	0.883	0.960	1.171	1.397	1.520
天津市	0.302	0.317	0.341	0.372	0.405	0.410	0.428	0.440	0.443	0.438	0.411	0.425
河北省	0.132	0.140	0.151	0.160	0.172	0.181	0.198	0.208	0.230	0.235	0.231	0.244
山西省	0.158	0.167	0.173	0.186	0.190	0.200	0.212	0.218	0.246	0.227	0.232	0.241
内蒙古自治区	0.177	0.188	0.192	0.205	0.222	0.224	0.235	0.265	0.265	0.250	0.251	0.260
辽宁省	0.179	0.272	0.203	0.217	0.220	0.223	0.230	0.250	0.259	0.253	0.254	0.263
吉林省	0.138	0.147	0.158	0.172	0.177	0.187	0.192	0.215	0.239	0.226	0.226	0.237
黑龙江省	0.155	0.163	0.173	0.178	0.183	0.197	0.211	0.216	0.227	0.231	0.234	0.243
上海市	0.551	0.532	0.540	0.557	0.598	0.674	0.655	0.668	0.703	0.803	0.800	0.838
江苏省	0.218	0.231	0.254	0.280	0.288	0.297	0.320	0.338	0.345	0.350	0.359	0.378
浙江省	0.224	0.239	0.259	0.275	0.291	0.305	0.336	0.356	0.376	0.387	0.404	0.428
安徽省	0.132	0.145	0.159	0.170	0.186	0.199	0.225	0.254	0.252	0.250	0.261	0.280
福建省	0.173	0.186	0.202	0.219	0.231	0.238	0.251	0.265	0.280	0.291	0.310	0.329

续表

省份	2009 年	2010 年	2011 年	2012 年	2013 年	2014 年	2015 年	2016 年	2017 年	2018 年	2019 年	2020 年
江西省	0.119	0.130	0.150	0.158	0.175	0.184	0.200	0.214	0.235	0.232	0.242	0.260
山东省	0.175	0.188	0.211	0.220	0.236	0.241	0.257	0.271	0.278	0.278	0.281	0.295
河南省	0.117	0.128	0.147	0.150	0.158	0.170	0.183	0.198	0.221	0.223	0.231	0.247
湖北省	0.131	0.141	0.155	0.170	0.188	0.201	0.219	0.241	0.254	0.253	0.256	0.273
湖南省	0.129	0.136	0.155	0.160	0.169	0.181	0.200	0.218	0.247	0.247	0.260	0.278
广东省	0.192	0.220	0.239	0.256	0.283	0.287	0.301	0.322	0.350	0.384	0.389	0.414
广西壮族自治区	0.101	0.110	0.121	0.136	0.146	0.164	0.181	0.191	0.194	0.196	0.195	0.208
海南省	0.347	0.391	0.354	0.374	0.390	0.410	0.343	0.578	0.498	0.577	0.747	0.812
重庆市	0.147	0.163	0.186	0.215	0.230	0.246	0.261	0.258	0.264	0.276	0.284	0.300
四川省	0.108	0.117	0.130	0.146	0.153	0.170	0.190	0.197	0.280	0.214	0.238	0.259
贵州省	0.138	0.146	0.159	0.186	0.192	0.215	0.227	0.243	0.251	0.254	0.242	0.256
云南省	0.126	0.132	0.152	0.166	0.174	0.181	0.198	0.213	0.225	0.219	0.230	0.245
陕西省	0.125	0.139	0.151	0.159	0.172	0.191	0.196	0.212	0.226	0.229	0.239	0.255
甘肃省	0.135	0.141	0.151	0.168	0.182	0.190	0.210	0.238	0.244	0.235	0.243	0.258
青海省	0.179	0.180	0.194	0.240	0.224	0.257	0.274	0.273	0.341	0.292	0.291	0.304
宁夏回族自治区	0.164	0.176	0.182	0.193	0.206	0.218	0.233	0.249	0.262	0.258	0.260	0.269
新疆维吾尔自治区	0.280	0.286	0.331	0.345	0.398	0.391	0.428	0.403	0.472	0.503	0.506	0.536
平均值	0.197	0.210	0.221	0.239	0.254	0.268	0.284	0.303	0.322	0.333	0.350	0.372

参 考 文 献

［1］ Tapscott Don. The Digital Economy: Promise and Peril in the Age of Networked Intelligence ［M］. New York: McGraw – Hill, 1996.

［2］ 许宪春, 张美慧. 中国数字经济规模测算研究——基于国际比较的视角 ［J］. 中国工业经济, 2020 (5): 23 – 41.

［3］ 蔡昉. 中国经济增长如何转向全要素生产率驱动型 ［J］. 中国社会科学, 2013 (1): 56 – 71, 206.

［4］ 李平, 付一夫, 张艳芳. 生产性服务业能成为中国经济高质量增长新动能吗 ［J］. 中国工业经济, 2017 (12): 5 – 21.

［5］ 李实, 朱梦冰. 中国经济转型 40 年中居民收入差距的变动 ［J］. 管理世界, 2018, 34 (12): 19 – 28.

［6］ 杨修娜, 万海远, 李实. 我国中等收入群体比重及特征 ［J］. 北京工商大学学报 (社会科学版), 2018, 33 (6): 10 – 22.

［7］ 刘培林, 钱滔, 黄先海, 董雪兵. 共同富裕的内涵、实现路径与测度方法 ［J］. 管理世界, 2021, 37 (8): 117 – 129.

［8］ 周文, 施炫伶. 共同富裕的内涵特征与实践路径 ［J］. 政治经济学评论, 2022, 13 (3): 3 – 23.

［9］ 王宝顺, 徐绮爽. 财政支出、区域经济差距与动态增长收敛 ［J］. 中南财经政法大学学报, 2021 (3): 48 – 57, 90.

［10］ 习近平. 扎实推动共同富裕 ［J］. 中国民政, 2021 (20): 4 – 6.

［11］ Smith A. An Inquiry into the Nature and Causes of the Wealth of Nations ［M］. New York: Oxford University Press, 1998.

［12］ Domar E D. Capital expansion, rate of growth, and employment ［J］. Econometrica, Journal of the Econometric Society, 1946, 14 (2): 137 – 147.

［13］ Solow R M. A contribution to the theory of economic growth ［J］. The Quarterly Journal of Economics, 1956, 70 (1): 65 – 94.

［14］ Swan, W. Trevor. Economic Growth and Capital Accumulation ［J］. Economic Record, 1956, 32 (11): 334 – 361.

［15］ Cass D. Optimum growth in an aggregative model of capital accumulation ［J］. The Review of Economic Studies, 1965, 32 (3): 233 – 240.

［16］ Koopmans T C. On the concept of optimal economic growth ［M］. Amsterdam: The Econometric Approach to Development Planning, 1965.

［17］ Ramsey F P. A mathematical theory of saving ［J］. The Economic Journal, 1928, 38 (152): 543 – 559.

［18］ 约瑟夫·熊彼特. 经济发展理论 ［M］. 北京: 商务印书馆, 1991.

［19］ Kuznets S. Economic growth and income inequality ［J］. The American Economic Review, 1955, 45 (1): 1 – 28.

［20］ Romer P M. Increasing returns and long-run growth ［J］. Journal of Political Economy, 1986, 94 (5): 1002 – 1037.

［21］ Lucas Jr R E. On the mechanics of economic development ［J］. Journal of Monetary Economics, 1988, 22 (1): 3 – 42.

［22］ Arrow K J. The economic implications of learning by doing ［M］. Readings in the Theory of Growth. Palgrave Macmillan, London, 1971: 131 – 149.

［23］严若森，钱向阳．数字经济时代下中国运营商数字化转型的战略分析［J］．中国软科学，2018（4）：172－182．

［24］荆文君，孙宝文．数字经济促进经济高质量发展：一个理论分析框架［J］．经济学家，2019（2）：66－73．

［25］康铁祥．中国数字经济规模测算研究［J］．当代财经，2008（3）：118－121．

［26］Gary Madden，Scott J Savage. CEE telecommunications investment and economic growth［J］. Information Economics and Policy，1998，10（2）：173－195．

［27］Knickrehm，M.，Berthon，B.，Daugherty，P. Digital Disruption：The Growth Multiplier［M］. Dublin：Accenture，2016：34－56．

［28］张新红．数字经济与中国发展［J］．电子政务，2016（11）：2－11．

［29］安同良，杨晨．互联网重塑中国经济地理格局：微观机制与宏观效应［J］．经济研究，2020，55（2）：4－19．

［30］蔡跃洲，马文君．数据要素对高质量发展影响与数据流动制约［J］．数量经济技术经济研究，2021，38（3）：64－83．

［31］Jones C I，Tonetti C. Nonrivalry and the Economics of Data［J］. American Economic Review，2020，110（9）：2819－2858．

［32］Mueller M，Grindal K. Data flows and the digital economy：information as a mobile factor of production［J］. Digital Policy，Regulation and Governance，2019，21（1）：71－87．

［33］温珺，阎志军，程愚．数字经济与区域创新能力的提升［J］．经济问题探索，2019（11）：112－124．

［34］向书坚，吴文君．中国数字经济卫星账户框架设计研究［J］．统计研究，2019，36（10）：3－16．

［35］刘军，杨渊鋆，张三峰．中国数字经济测度与驱动因素研究［J］．上海经济研究，2020（6）：81－96．

［36］吴晓怡，张雅静．中国数字经济发展现状及国际竞争力
［J］．科研管理，2020，41（5）：250－258.

［37］赵涛，张智，梁上坤．数字经济、创业活跃度与高质量发展——来自中国城市的经验证据［J］．管理世界，2020，36（10）：65－76.

［38］张少华，陈治．数字经济与区域经济增长的机制识别与异质性研究［J］．统计与信息论坛，2021，36（11）：14－27.

［39］杨慧梅，江璐．数字经济、空间效应与全要素生产率［J］．统计研究，2021，38（4）：3－15.

［40］阿瑟·刘易斯．经济增长理论［M］．伦敦：艾伦与昂温出版社，1957.

［41］卡玛耶夫．经济增长的速度与质量［M］．武汉：湖北人民出版社，1983.

［42］Barro R J. Quantity and quality of economic growth ［R］. Working Papers Central Bank of Chile from Central Bank of Chile，2002：1－39.

［43］Boyle D. The new economics：a bigger picture ［M］. Londo：Earthscan Publications，2009：54－62.

［44］Nijaki L K，Worrel G. Procurement for sustainable local economic development ［J］. International Journal of Public Sector Management，2012，25（2）：133－153.

［45］Alexandra S L. An Empirical approach of social impact of debt on economic growth. Evidence from the European Union ［J］. Annals－Economy Series，2016，5：189－198.

［46］Mlachila M，Tapsoba R，Tapsoba S J A. A quality of growth index for developing countries：a proposal ［J］. Social Indicators Research，2017，134（2）：675－710.

［47］黄群慧．改革开放40年经济高速增长的成就与转向高质

量发展的战略举措 [J]. 经济论坛, 2018 (7): 12-15.

[48] 王伟光. 当代中国马克思主义的最新理论成果——习近平新时代中国特色社会主义思想学习体会 [J]. 中国社会科学, 2017 (12): 4-30, 205.

[49] 程恩富. 论新常态下的五大发展理念 [J]. 南京财经大学学报, 2016 (1): 1-7, 108.

[50] Dennis A. Rondinelli. Urban and regional development planning: policy and administration [M]. Ithaca: Cornell University Press, 1975.

[51] 郝寿义, 倪鹏飞. 中国城市竞争力研究——以若干城市为案例 [J]. 经济科学, 1998 (3): 50-56.

[52] 迈克尔·波特. 竞争论 [M]. 北京: 中信出版社, 2003.

[53] 韩士元. 城市经济发展质量探析 [J]. 天津社会科学, 2005 (5): 83-85.

[54] Zanakis S H, Becerra-Fernandez I. Competitiveness of nations: A knowledge discovery examination [J]. European Journal of Operational Research, 2005, 166 (1): 185-211.

[55] Benneworth P, Hospers G J. Urban competitiveness in the knowledge economy: Universities as new planning animateurs [J]. Progress in Planning, 2007, 67 (2): 105-197.

[56] Chorianopoulos I, Pagonis T, Koukoulas S, et al. Planning, competitiveness and sprawl in the Mediterranean city: The case of Athens [J]. Cities, 2010, 27 (4): 249-259.

[57] 金碚. 关于"高质量发展"的经济学研究 [J]. 中国工业经济, 2018 (4): 5-18.

[58] 任保平. 新时代中国经济从高速增长转向高质量发展: 理论阐释与实践取向 [J]. 学术月刊, 2018, 50 (3): 66-74, 86.

[59] 李伟. 高质量发展有六大内涵 [N]. 人民日报 (海外版),

2018 – 01 – 22（3）.

[60] 陈昌兵. 新时代我国经济高质量发展动力转换研究 [J]. 上海经济研究, 2018（5）: 16 – 24, 41.

[61] 刘友金, 周健. "换道超车": 新时代经济高质量发展路径创新 [J]. 湖南科技大学学报（社会科学版）, 2018, 21（1）: 49 – 57.

[62] 师博, 张冰瑶. 全国地级以上城市经济高质量发展测度与分析 [J]. 社会科学研究, 2019（3）: 19 – 27.

[63] 刘志彪. 强化实体经济推动高质量发展 [J]. 产业经济评论, 2018（2）: 5 – 9.

[64] 冯俏彬. 我国经济高质量发展的五大特征与五大途径 [J]. 中国党政干部论坛, 2018（1）: 59 – 61.

[65] 张立群. 中国经济发展和民生改善进入高质量时代 [J]. 人民论坛, 2017（35）: 66 – 67.

[66] 韩军辉, Shakhzod Shokirov, 柳洋. 基于熵值法的高质量发展综合评价研究 [J]. 科技和产业, 2019, 19（6）: 79 – 83.

[67] 严成樑. 现代经济增长理论的发展脉络与未来展望——兼从中国经济增长看现代经济增长理论的缺陷 [J]. 经济研究, 2020, 55（7）: 191 – 208.

[68] 杨耀武, 张平. 中国经济高质量发展的逻辑、测度与治理 [J]. 经济研究, 2021, 56（1）: 26 – 42.

[69] 蔡昉. 中国改革成功经验的逻辑 [J]. 中国社会科学, 2018（1）: 29 – 44.

[70] 贺晓宇, 沈坤荣. 现代化经济体系、全要素生产率与高质量发展 [J]. 上海经济研究, 2018（6）: 25 – 34.

[71] 郭新茹, 陈天宇. 文化产业集聚、空间溢出与经济高质量发展 [J]. 现代经济探讨, 2021（2）: 79 – 87.

[72] 张占斌, 杜庆昊. 我国经济体制改革的历程、影响与新时

代改革的新方位 [J]. 行政管理改革，2018（11）：30－36.

[73] 张军扩. 加快形成推动高质量发展的制度环境 [J]. 中国发展观察，2018（1）：5－8.

[74] 孙早，许薛璐. 产业创新与消费升级：基于供给侧结构性改革视角的经验研究 [J]. 中国工业经济，2018（7）：98－116.

[75] 方敏，杨胜刚，周建军，雷雨亮. 高质量发展背景下长江经济带产业集聚创新发展路径研究 [J]. 中国软科学，2019（5）：137－150.

[76] 陆凤芝，王群勇. 高铁开通对城市经济发展质量的影响及作用机制 [J]. 城市问题，2020（10）：56－67.

[77] 上官绪明，葛斌华. 科技创新、环境规制与经济高质量发展——来自中国 278 个地级及以上城市的经验证据 [J]. 中国人口·资源与环境，2020，30（6）：95－104.

[78] Saleem H, Shahzad M, Khan M B, et al. Innovation, total factor productivity and economic growth in Pakistan：a policy perspective [J]. Journal of Economic Structures，2019，8（1）：1－18.

[79] 陈晨，刘冠军. 实现高质量就业与提升人力资本水平研究 [J]. 中国特色社会主义研究，2019（3）：42－50.

[80] 陈诗一，陈登科. 中国资源配置效率动态演化——纳入能源要素的新视角 [J]. 中国社会科学，2017（4）：67－83，206－207.

[81] 李元旭，曾铖. 政府规模、技术创新与高质量发展——基于企业家精神的中介作用研究 [J]. 复旦学报（社会科学版），2019，61（3）：155－166.

[82] 卢丽文，宋德勇，黄璨. 长江经济带城市绿色全要素生产率测度——以长江经济带的 108 个城市为例 [J]. 城市问题，2017（1）：61－67.

[83] 郑垂勇，朱晔华，程飞. 城镇化提升了绿色全要素生产率

吗？——基于长江经济带的实证检验［J］．现代经济探讨，2018（5）：110－115．

［84］余泳泽，杨晓章，张少辉．中国经济由高速增长向高质量发展的时空转换特征研究［J］．数量经济技术经济研究，2019，36（6）：3－21．

［85］任保平，文丰安．新时代中国高质量发展的判断标准、决定因素与实现途径［J］．改革，2018（4）：5－16．

［86］赵英才，张纯洪，刘海英．转轨以来中国经济增长质量的综合评价研究［J］．吉林大学社会科学学报，2006（3）：27－35．

［87］钞小静，惠康．中国经济增长质量的测度［J］．数量经济技术经济研究，2009，26（6）：75－86．

［88］任保平，韩璐，崔浩萌．进入新常态后中国各省区经济增长质量指数的测度研究［J］．统计与信息论坛，2015，30（8）：3－8．

［89］宋明顺，张霞，易荣华，朱婷婷．经济发展质量评价体系研究及应用［J］．经济学家，2015（2）：35－43．

［90］詹新宇，崔培培．中国省际经济增长质量的测度与评价——基于"五大发展理念"的实证分析［J］．财政研究，2016（8）：40－53，39．

［91］Qi J. Fiscal expenditure incentives, spatial correlation and quality of economic growth: evidence from a Chinese province［J］. International Journal of Business and Management, 2016, 11（7）：191－201.

［92］师博，任保平．中国省际经济高质量发展的测度与分析［J］．经济问题，2018（4）：1－6．

［93］魏敏，李书昊．新时代中国经济高质量发展水平的测度研究［J］．数量经济技术经济研究，2018，35（11）：3－20．

［94］Kong Q, Peng D, Ni Y, et al. Trade openness and economic growth quality of China: Empirical analysis using ARDL model［J］. Finance Research Letters, 2021, 38.

［95］Hayes R M, Erickson T. Added value as a function of purchases of information services ［J］. The Information Society, 1982, 1 （4）: 307 – 338.

［96］Ding L, Haynes K. The role of telecommunications infrastructure in regional economic growth in China ［J］. Australasian Journal of Regional Studies, The, 2006, 12 （3）: 281 – 302.

［97］Biswas D. Economics of information in the web economy: towards a new theory? ［J］. Journal of Business Research, 2004, 57 （7）: 724 – 733.

［98］Vu K M. Information and communication technology （ICT） and Singapore's economic growth ［J］. Information Economics and Policy, 2013, 25 （4）: 284 – 300.

［99］Evans O. Information and communication technologies and economic development in Africa in the short and long run ［J］. International Journal of Technology Management & Sustainable Development, 2019, 18 （2）: 127 – 146.

［100］Sawng Y, Kim P, Park J Y. ICT investment and GDP growth: Causality analysis for the case of Korea ［J］. Telecommunications Policy, 2021, 45 （7）.

［101］Odhiambo N M. Information technology, income inequality and economic growth in sub – Saharan African countries ［J］. Telecommunications Policy, 2022, 46 （6）.

［102］何强. 信息技术产业发展对经济增长的门槛效应和动态效应分析 ［J］. 产业经济研究, 2012 （5）: 11 – 18.

［103］孙琳琳, 郑海涛, 任若恩. 信息化对中国经济增长的贡献: 行业面板数据的经验证据 ［J］. 世界经济, 2012, 35 （2）: 3 – 25.

［104］蔡跃洲, 张钧南. 信息通信技术对中国经济增长的替代

效应与渗透效应［J］.经济研究，2015，50（12）：100－114.

［105］龙飞.信息化、转变经济增长方式与经济增长——基于全国 31 省域面板数据的实证分析［J］.现代管理科学，2016（5）：33－35.

［106］丁起宏.浅议信息化促进经济与社会发展所面临的问题及完善措施［J］.现代商业，2016（22）：188－189.

［107］孙早，刘李华.信息化提高了经济的全要素生产率吗——来自中国 1979—2014 年分行业面板数据的证据［J］.经济理论与经济管理，2018（5）：5－18.

［108］葛和平，吴福象.数字经济赋能经济高质量发展：理论机制与经验证据［J］.南京社会科学，2021（1）：24－33.

［109］Ward M R，Zheng S. Mobile telecommunications service and economic growth：Evidence from China［J］. Telecommunications Policy，2016，40（2－3）：89－101.

［110］Thompson Jr H G，Garbacz C. Economic impacts of mobile versus fixed broadband［J］. Telecommunications Policy，2011，35（11）：999－1009.

［111］Steinmueller W E. ICTs and the Possibilities for Leapfrogging by Developing Countries［J］. International Labour Review，2008，140（2）：193－210.

［112］Łukasz Arendt. The Digital Economy，ICT and Economic Growth in the CEE Countries［J］. Olsztyn Economic Journal，2015，10（3）：247－262.

［113］Dewan S，Kraemer K L. Information Technology and Productivity：Evidence from Country－Level Data［J］. Management Science，2000，46（4）：548－562.

［114］Niebel T. ICT and economic growth-Comparing developing，emerging and developed countries［J］. World Development，2018，104：

197 – 211.

［115］Abdinnour – Helm S，Lengnick – Hall M L，Lengnick – Hall C A. Pre-implementation attitudes and organizational readiness for implementing an enterprise resource planning system ［J］. European Journal of Operational Research，2003，146（2）：258 – 273.

［116］Lee S，Kim M S，Park Y. ICT Co-evolution and Korean ICT strategy—An analysis based on patent data ［J］. Telecommunications Policy，2009，33（5 – 6）：253 – 271.

［117］杨学坤，吴树勤. 基于信息化理论的我国产业结构高级化问题研究 ［J］. 科技管理研究，2009，29（2）：126 – 128.

［118］韩先锋，惠宁，宋文飞. 信息化能提高中国工业部门技术创新效率吗 ［J］. 中国工业经济，2014（12）：70 – 82.

［119］储伊力，储节旺. 信息化与技术创新的关系研究——基于东中西三大区域的比较分析 ［J］. 情报杂志，2016，35（7）：61 – 65，30.

［120］阳长征. 信息扩散、产业集聚与区域技术创新绩效——基于 2005—2018 年区域面板数据的动态分析 ［J］. 科技进步与对策，2022，39（1）：39 – 49.

［121］李波，梁双陆. 信息通信技术、信息化密度与地区产业增长——基于中国工业数据的经验研究 ［J］. 山西财经大学学报，2017，39（9）：58 – 71.

［122］丁志帆. 信息消费驱动下的传统产业变革：基本内涵与内在机制 ［J］. 经济学家，2020（3）：87 – 94.

［123］何大安，许一帆. 数字经济运行与供给侧结构重塑 ［J］. 经济学家，2020（4）：57 – 67.

［124］殷天赐，曹泽. 信息技术产业集聚、产业结构升级与经济高质量发展 ［J］. 统计与决策，2022，38（4）：129 – 134.

［125］Tambe P，Hitt L M. The productivity of information technology investments：New evidence from IT labor data［J］. Information Systems Research，2012，23（3）：599 – 617.

［126］薛剑虹. 基于信息技术的企业创新问题研究［J］. 中国管理信息化，2012，15（16）：58 – 60.

［127］魏新颖，王宏伟. 信息化对高技术产业全要素生产率的影响分析——基于面板门限回归模型的实证研究［J］. 统计与信息论坛，2017，32（12）：34 – 41.

［128］陈庆江，赵明亮. 信息化能否放大市场整合的创新激励效应［J］. 宏观经济研究，2018（10）：105 – 120.

［129］Li M，Du W. Can Internet development improve the energy efficiency of firms：Empirical evidence from China［J］. Energy，2021，237.

［130］陈利，王天鹏，吴玉梅，谢家智. 政府补助、数字普惠金融与企业创新——基于信息制造类上市公司的实证分析［J］. 当代经济研究，2022（1）：107 – 117.

［131］Ming Zeng，Werner Reinartz. Beyond Online Search：The Road to Profitability［J］. California Management Review，2003，45（2）：107 – 130.

［132］Zhichao Yin，Xue Gong，Peiyao Guo，Tao Wu. What Drives Entrepreneurship in Digital Economy? Evidence from China［J］. Economic Modelling，2019，82（3），66 – 73.

［133］周广肃，樊纲. 互联网使用与家庭创业选择——来自CFPS 数据的验证［J］. 经济评论，2018（5）：134 – 147.

［134］张勋，万广华，张佳佳，何宗樾. 数字经济、普惠金融与包容性增长［J］. 经济研究，2019，54（8）：71 – 86.

［135］Jorgenson D W，Ho M S，Samuels J D，et al. Industry Origins of the American Productivity Resurgence［J］. Economic Systems Research，2007，19（3）：229 – 252.

[136] Dahlman C, Mealy S, Wermelinger M. Harnessing the digital economy for developing countries [R]. OECD Development Centre Working Papers, 2016 (12): 11 – 15.

[137] 曹玉娟. 数字化驱动下区域科技创新的框架变化与范式重构 [J]. 学术论坛, 2019, 42 (1): 110 – 116.

[138] Brynjolfsson E, Hitt L M. Beyond computation: Information technology, organizational transformation and business performance [J]. Journal of Economic Perspectives, 2000, 14 (4): 23 – 48.

[139] 惠宁, 白思. 打造数字经济新优势: 互联网驱动区域创新能力提升 [J]. 西北大学学报 (哲学社会科学版), 2021, 51 (6): 18 – 28.

[140] 金环, 于立宏. 数字经济、城市创新与区域收敛 [J]. 南方经济, 2021 (12): 21 – 36.

[141] Zhang Y, Ma S, Yang H, Lv J, Liu Y. A big data driven analytical framework for energy-intensive manufacturing industries [J]. Journal of Cleaner Production, 2018, 197 (10): 57 – 72.

[142] 刘启雷, 张媛, 雷雨嫣, 陈关聚. 数字化赋能企业创新的过程、逻辑及机制研究 [J]. 科学学研究, 2022, 40 (1): 150 – 159.

[143] 吴赢, 张翼. 数字经济与区域创新——基于融资和知识产权保护的角度 [J]. 南方经济, 2021 (9): 36 – 51.

[144] 任保平, 李禹墨. 新时代我国高质量发展评判体系的构建及其转型路径 [J]. 陕西师范大学学报 (哲学社会科学版), 2018, 47 (3): 105 – 113.

[145] 邓慧慧, 周梦雯, 程钰娇. 数字经济与城市群协同发展: 基于夜间灯光数据的研究 [J]. 浙江大学学报 (人文社会科学版), 2022, 52 (4): 32 – 49.

[146] 白俊红, 刘宇英. 对外直接投资能否改善中国的资源错

配［J］. 中国工业经济，2018（1）：60 - 78.

　［147］黄群慧，余泳泽，张松林. 互联网发展与制造业生产率提升：内在机制与中国经验［J］. 中国工业经济，2019（8）：5 - 23.

　［148］周泽红，郭劲廷. 数字经济发展促进共同富裕的理路探析［J］. 上海经济研究，2022（6）：5 - 16.

　［149］邓荣荣，张翱祥. 中国城市数字经济发展对环境污染的影响及机理研究［J］. 南方经济，2022（2）：18 - 37.

　［150］王艳华，苗长虹，胡志强，张艳. 专业化、多样性与中国省域工业污染排放的关系［J］. 自然资源学报，2019，34（3）：586 - 599.

　［151］魏丽莉，侯宇琦. 专业化、多样化产业集聚对区域绿色发展的影响效应研究［J］. 管理评论，2021，33（10）：22 - 33.

　［152］刘维林，王艺斌. 数字经济赋能城市绿色高质量发展的效应与机制研究［J］. 南方经济，2022（8）：73 - 91.

　［153］裴长洪，倪江飞，李越. 数字经济的政治经济学分析［J］. 财贸经济，2018，39（9）：5 - 22.

　［154］刘鹏程，刘杰. 信息化影响城市环境污染的机制与效应研究［J］. 中南林业科技大学学报（社会科学版），2020，14（2）：27 - 34.

　［155］Hampton S E, Strasser C A, Tewksbury JJ, et al. Big data and the future of ecology［J］. Frontiers in Ecology and the Environment, 2013, 11（3）：156 - 162.

　［156］Shin D H, Choi M J. Ecological views of big data：Perspectives and issues［J］. Telematics and Informatics, 2015, 32（2）：311 - 320.

　［157］张明新，刘伟. 互联网的政治性使用与我国公众的政治信任——一项经验性研究［J］. 公共管理学报，2014，11（1）：90 - 103，141 - 142.

［158］解春艳，丰景春，张可．互联网技术进步对区域环境质量的影响及空间效应［J］．科技进步与对策，2017，34（12）：35 - 42．

［159］高敬峰，王彬．数字技术提升了中国全球价值链地位吗［J］．国际经贸探索，2020，36（11）：35 - 51．

［160］吕朝凤，黄梅波．金融发展能够影响 FDI 的区位选择吗［J］．金融研究，2018（8）：137 - 154．

［161］胡志强，苗长虹，华明芳，刘丽．中国外商投资区位选择的时空格局与影响因素［J］．人文地理，2018，33（5）：88 - 96．

［162］石喜爱，李廉水，程中华，等．"互联网 +"对中国制造业价值链攀升的影响分析［J］．科学学研究，2018，36（8）：1384 - 1394．

［163］李实．共同富裕的目标和实现路径选择［J］．经济研究，2021，56（11）：4 - 13．

［164］李正图．论中国特色共同富裕道路［J］．社会科学辑刊，2021（6）：150 - 158．

［165］宋洋．经济发展质量理论视角下的数字经济与高质量发展［J］．贵州社会科学，2019（11）：102 - 108．

［166］Frey C B, Osborne M A. The future of employment: How susceptible are jobs to computerisation? ［J］. Technological Forecasting and Social Change, 2017, 114: 254 - 280.

［167］Lendle A, Olarreaga M, Schropp S, et al. There goes gravity: eBay and the death of distance ［J］. The Economic Journal, 2016, 126 (591): 406 - 441.

［168］Richard D. Global financial integration: the end of geography ［J］. International Affairs, 1992 (3): 225 - 243.

［169］Cairncross F. The death of distance: How the communications revolution will change our live ［M］. Boston: Harvard Business School

Press，1997.

[170] 马中东，宁朝山．数字经济、要素配置与制造业质量升级 [J]．经济体制改革，2020 (3)：24－30.

[171] 罗珉，李亮宇．互联网时代的商业模式创新：价值创造视角 [J]．中国工业经济，2015 (1)：95－107.

[172] 郭家堂，骆品亮．互联网对中国全要素生产率有促进作用吗？[J]．管理世界，2016 (10)：34－49.

[173] Lin J，Yu Z，Wei Y D，et al. Internet access，spillover and regional development in China [J]．Sustainability，2017，9 (6)：946－964.

[174] Stiglitz J E. Knowledge as a global public good [J]．Global public goods：International cooperation in the 21st century，1999，308：308－325.

[175] 郭峰，王靖一，王芳，等．测度中国数字普惠金融发展：指数编制与空间特征 [J]．经济学（季刊），2020，19 (4)：1401－1418.

[176] 柳卸林，胡志坚．中国区域创新能力的分布与成因 [J]．科学学研究，2002 (5)：550－556.

[177] 柯善咨，赵曜．产业结构、城市规模与中国城市生产率 [J]．经济研究，2014，49 (4)：76－88，115.

[178] 周阳敏，王前前．国家自创区政策效应、产业结构合理化与高级化实证研究 [J]．中国科技论坛，2020 (12)：41－53.

[179] 干春晖，郑若谷，余典范．中国产业结构变迁对经济增长和波动的影响 [J]．经济研究，2011，46 (5)：4－16，31.

[180] 单豪杰．中国资本存量 K 的再估算：1952～2006 年 [J]．数量经济技术经济研究，2008，25 (10)：17－31.

[181] 钞小静，任保平．中国经济增长质量的时序变化与地区差异分析 [J]．经济研究，2011，46 (4)：26－40.

［182］谢杰，张海森．出口商品结构变化对经济增长的门限效应：浙江省与全国的对比研究［J］.国际贸易问题，2012（9）：52 - 64.

［183］Hansen B E. Threshold effects in non-dynamic panels：Estimation，testing，and inference［J］. Journal of Econometrics，1999，93（2）：345 - 368.

［184］Khan Z，Ali S，Dong K，et al. How does fiscal decentralization affect CO_2 emissions? The roles of institutions and human capital［J］. Energy Economics，2021，94.

［185］卓乘风，邓峰．创新要素流动与区域创新绩效——空间视角下政府调节作用的非线性检验［J］.科学学与科学技术管理，2017，38（7）：15 - 26.

［186］Ogundari K，Awokuse T. Human capital contribution to economic growth in Sub - Saharan Africa：does health status matter more than education?［J］. Economic Analysis and Policy，2018，58：131 - 140.

［187］郭金花，郭淑芬．创新人才集聚、空间外溢效应与全要素生产率增长——兼论有效市场与有为政府的门槛效应［J］.软科学，2020，34（9）：43 - 49.

［188］王小鲁，樊纲，胡李鹏．中国分省份市场化指数报告（2018）［M］.北京：社会科学文献出版社，2019.

［189］张波．2000—2015年中国大陆人才的空间聚集及时空格局演变分析［J］.世界地理研究，2019，28（4）：124 - 133.

［190］詹姆斯·H. 斯托克，马克·W. 沃森，计量经济学［M］.孙燕，第2版，上海：上海人民出版社，2009.

［191］Elhorst J P. Dynamic spatial panels：models，methods，and inferences［J］. Journal of Geographical Systems，2012，14（1）：5 - 28.

［192］邵帅，李欣，曹建华，杨莉莉．中国雾霾污染治理的经济政策选择——基于空间溢出效应的视角［J］.经济研究，2016，51

（9）：73 - 88.

[193] 周黎安. 中国地方官员的晋升锦标赛模式研究 [J]. 经济研究, 2007 (7)：36 - 50.

[194] 吕越, 盛斌, 吕云龙. 中国的市场分割会导致企业出口国内附加值率下降吗 [J]. 中国工业经济, 2018 (5)：5 - 23.

[195] 邓峰, 杨婷玉. 市场分割对省域创新效率的空间相关性研究——基于创新要素流动视角 [J]. 科技管理研究, 2019, 39 (17)：19 - 29.

[196] 申广军, 王雅琦. 市场分割与制造业企业全要素生产率 [J]. 南方经济, 2015 (4)：27 - 42.

[197] 张学良, 李培鑫, 李丽霞. 政府合作、市场整合与城市群经济绩效——基于长三角城市经济协调会的实证检验 [J]. 经济学（季刊）, 2017, 16 (4)：1563 - 1582.

[198] 吴福象, 刘志彪. 城市化群落驱动经济增长的机制研究——来自长三角 16 个城市的经验证据 [J]. 经济研究, 2008, 43 (11)：126 - 136.

[199] 王菲, 李善同. 中国区域差距演变趋势及影响因素 [J]. 现代经济探讨, 2016 (12)：81 - 86.

[200] 万广华. 2030 年：中国城镇化率达到 80% [J]. 国际经济评论, 2011 (6)：99 - 111, 5.

[201] 倪鹏飞, 杨继瑞, 李超, 等. 中国城市化的结构效应与发展转型——"大国城市化前沿问题学术论坛" 综述 [J]. 经济研究, 2014, 49 (7)：189 - 192.

[202] 张莅黎, 赵果庆, 吴雪萍. 中国城镇化的经济增长与收敛双重效应——基于 2000 与 2010 年中国 1968 个县份空间数据检验 [J]. 中国软科学, 2019 (1)：98 - 116.

[203] 吕昭河, 翟登. 互联网技术对人口迁移的跨时期空间效应研究——基于省级面板数据的分析 [J]. 中国人口科学, 2018

（3）：26 – 38，126.

［204］江艇. 因果推断经验研究中的中介效应与调节效应［J］. 中国工业经济，2022（5）：100 – 120.

［205］Parsley D C，Wei S J. Explaining the border effect：the role of exchange rate variability，shipping costs，and geography［J］. Journal of International Economics，2001，55（1）：87 – 105.

［206］毛其淋，盛斌. 对外经济开放、区域市场整合与全要素生产率［J］. 经济学（季刊），2012，11（1）：181 – 210.

［207］Samuelson P A. Theoretical notes on trade problems［J］. The Review of Economics and Statistics，1964，46（2）：145 – 154.

［208］金培振，殷德生，金桩. 城市异质性、制度供给与创新质量［J］. 世界经济，2019，42（11）：99 – 123.

［209］白俊红，蒋伏心. 考虑环境因素的区域创新效率研究——基于三阶段 DEA 方法［J］. 财贸经济，2011（10）：104 – 112，136.

［210］Nunn N，Qian N. U. S. food aid and civil conflict［J］. American Economic Review，2014（6）：1630 – 1666.

［211］赵奎，后青松，李巍. 省会城市经济发展的溢出效应——基于工业企业数据的分析［J］. 经济研究，2021，56（3）：150 – 166.

后　记

本专著是在我的博士论文基础上拓展修改而成。

在完成这部专著的撰写工作之后，我静坐于办公桌前，回顾攻读博士的三年时光，内心感慨万千，有激动、有紧张、有憧憬也有些彷徨。但无论如何，这段时光都是我人生道路上最难忘的经历之一，每一次尝试、每一份努力、每一个灵感闪现的瞬间，都如同璀璨星辰，点缀在我学术生涯的夜空中，熠熠生辉。

一路走来，我要由衷地感谢我的家人、老师和同学们。

师恩似海，首先，我要衷心地感谢陈治教授。陈老师治学严谨、博学多识、为人谦和、精益求精。在学术上，陈老师总是给予我诸多的建设性意见，正是陈老师在学术道路上对我的支持与引导，才使得我的毕业论文能够顺利推进。在生活中，陈老师对我关怀备至，尤其是在新冠疫情期间，她时常嘱咐我注意保护自己，每每想到此刻，我内心都感觉无比的温暖。

其次，我要感谢中南财经政法大学李占风教授，天津财经大学白仲林教授，华侨大学赵昕东教授，山西财经大学杭斌教授、王拉娣教授、孟勇教授以及匿名评审的各位专家。专家们提出的高屋建瓴的修改意见对我来说弥足珍贵，正是在各位专家的指导下，我的博士毕业论文才有了质的提升。

同时，我还要感谢山东理工大学蔡雯霞教授、山东财经大学张红霞教授、山东理工大学张志新教授、太原师范学院闫娜娜博士、太原科技大学张琪博士在我求学以及博士毕业论文撰写期间给予我的帮助。

此外，我还要感谢中共中央党校（国家行政学院）任悦、北京工业大学曹敏、山西财经大学王艳、张鸿琴、任梦等同学在学习生活中给予我的帮助。

最后，特别深谢家人一直以来对我的支持，父母之恩，没齿难忘，是他们给予我生命，给予我一往无前的勇气。攻读硕博的五年期间，母亲是我最坚强的后盾，她温和、善良、坚韧、勇敢的性格深深地影响了我。母亲是我学习的榜样，让我处在低谷时仍然具有前进的动力。感谢姐姐在生活上对我的帮助，从小到大，姐姐都给予我无限的包容与关爱，让我能够专心学业，自由自在地做自己想做的事情。

须知少时凌云志，自许人间第一流！随着这部专著的完成，我的博士生涯也即将画上句号，但我深知，这并不意味着学术探索的结束，而是新征程的开始，在未来的日子里，我将继续秉持对学术的热爱与执着，不断探索新的知识领域。我坚信未来之路将更加精彩。我会带着家人、老师、同学以及朋友们对我的祝福，奋勇向前！

张少华